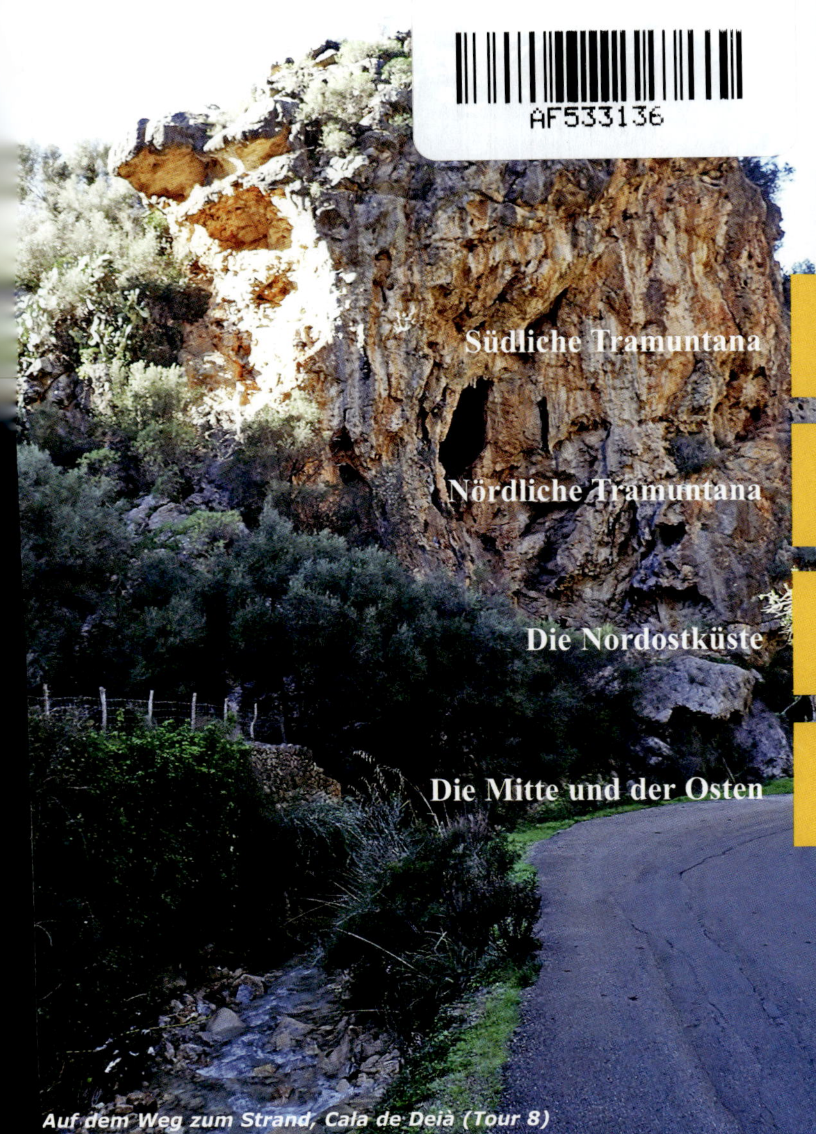

Auf dem Weg zum Strand, Cala de Deià (Tour 8)

Mallorca

Alle Informationen, schriftlich und zeichnerisch, wurden nach bestem Wissen zusammengestellt und überprüft. Sie waren korrekt zum Zeitpunkt der Recherche. Eine Garantie für den Inhalt, z.B. die immerwährende Richtigkeit von Preisen, Adressen, Telefon- und Faxnummern sowie Internetadressen, Zeit- und sonstigen Angaben, kann naturgemäß von Verlag und Autor - auch im Sinne der Produkthaftung - nicht übernommen werden.

Der Autor und der Verlag sind für Lesertipps und Verbesserungen (besonders per E-Mail) unter Angabe der Auflagen- und Seitennummer dankbar.

Dieses OutdoorHandbuch hat 159 Seiten mit 78 farbigen Abbildungen, 27 farbigen Kartenskizzen im Maßstab 1:25.000/50.000/75.000 sowie 24 farbigen Höhenprofilen und einer farbigen, ausklappbaren Übersichtskarte. Es wurde auf chlorfrei gebleichtem Papier gedruckt, in Deutschland klimaneutral hergestellt und transportiert und wegen der größeren Strapazierfähigkeit mit PUR-Kleber gebunden.

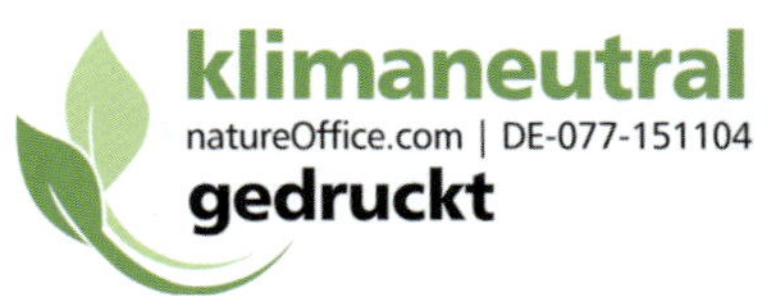

Dieses Buch ist im Buchhandel und in Outdoor-Läden erhältlich und kann im Internet oder direkt beim Verlag bestellt werden

OutdoorHandbuch aus der Reihe „Regional“, Band 371

ISBN 978-3-86686-484-9 1. Auflage 2017

Text: Ingrid Retterath
Fotos: Ingrid Retterath
Karten: Heide Schwinn
Lektorat: Amrei Risse
Layout: Anna-Lena Ebner

Gesamtherstellung: Werbedruck GmbH Horst Schreckhase

Dieses OutdoorHandbuch wurde konzipiert und redaktionell erstellt vom:

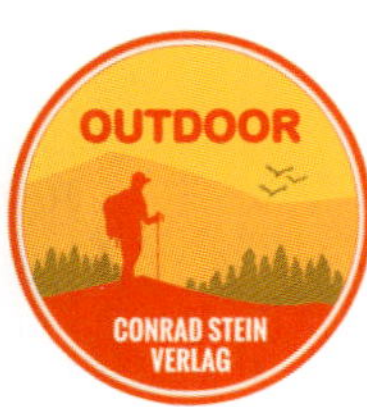

Conrad Stein Verlag GmbH, Kiefernstr. 6, 59514 Welver,
☏ 023 84/96 39 12, FAX 023 84/96 39 13,
info@conrad-stein-verlag.de,
www.conrad-stein-verlag.de

Besuchen Sie uns bei Facebook & Instagram:

 www.facebook.com/outdoorverlage (Die Outdoor-Verlage)

 www.instagram.com/die_outdoor_verlage (die_outdoor_verlage)

Titelfoto:
Recherchehelferin Aurelia vor der Caló des Borgit im Naturpark Mondragó

Inhalt

Wanderland Mallorca

Mallorca ist seit Langem eine der beliebtesten Wanderregionen für Spanier und Ausländer gleichermaßen. Die Insel ist vom spanischen Festland und von den meisten europäischen Flughäfen schnell zu erreichen und hat eine riesige Auswahl an großartigen Wanderwegen mit unvergesslichen Naturerlebnissen zu bieten. Dieser Band beschränkt sich auf Rundwanderungen. So müssen Sie keinen Weg doppelt laufen oder mit dem Bus zurück zum Ausgangspunkt fahren.

Mit etwas Fantasie hat Mallorca die Form einer Raute. Das Cap de Formentor im Norden, Cala Rajada im Osten, das Cap de Ses Salines im Süden und Sant Elm im Westen bilden die Ecken dieser Raute. Es gibt daher z. B. keine „echte" Nordküste, sondern eine Nordwestküste und eine Nordostküste.

Grob lässt sich Mallorca in drei große Naturräume aufteilen: Der Nordwesten wird dominiert vom **Tramuntana-Gebirge** mit einigen Gipfeln über 1.000 m Höhe. Hier verläuft auch der beliebte Fernwanderweg GR 221. Der höchste Berg ist der Puig Major mit 1.436 m, die Steilküste fällt hier nur an wenigen Stellen sanft zu einer Badebucht ab. Die südöstliche Küste wird durch den Höhenzug **Serres de Llevant** geprägt, er zieht sich vom Artà-Gebirge mit dem Naturpark Llevant hinab bis südlich von Santanyi. Alle paar Kilometer ist eine kleine Badebucht (Cala) zu finden, die eine erfrischende Unterbrechung der Wanderung ermöglicht. Zwischen den beiden Höhenzügen erstreckt sich **Es Plà** („ist flach") von den großen Buchten Bahía de Alcúdia und Bahía de Pollença im Norden bis zur allbekannten Bahía de Palma im Süden. Die landwirtschaftlichen Nutzflächen werden nur durch wenige Erhebungen aufgelockert, Wanderwege sind eher rar.

Die Wandervorschläge verteilen sich daher auf folgende Teilregionen: Die **südliche Tramuntana**, der sich das erste Kapitel widmet, liegt zwischen Cala Figuera im Süden, Sant' Elm im Westen und Valldemossa westlich der Ma-11. Östlich davon schließt sich die **nördliche Tramuntana** (zweites Kapitel) an. Rund um Sóller und Lluc sind die höchsten Erhebungen der Insel zu finden. Das dritte Kapitel umfasst Wanderungen an der **Nordostküste**. Die beiden Halbinseln Formentor (bei Pollença) und Alcúdia sind noch Ausläufer der Tramuntana, im Osten schließen sich der breite Sandstrand der Bahía de Alcúdia und der Naturpark Llevant an. Die Wanderungen im Landesinneren und von einer Cala zur nächsten sind im Kapitel **„Die Mitte und der Osten"** zusammengefasst.

Beliebt ist Mallorca bei Wanderern jedes Alters und jeder Leistungsstufe. Ich habe mich daher bemüht, für jeden Geschmack Vorschläge zu machen. So finden

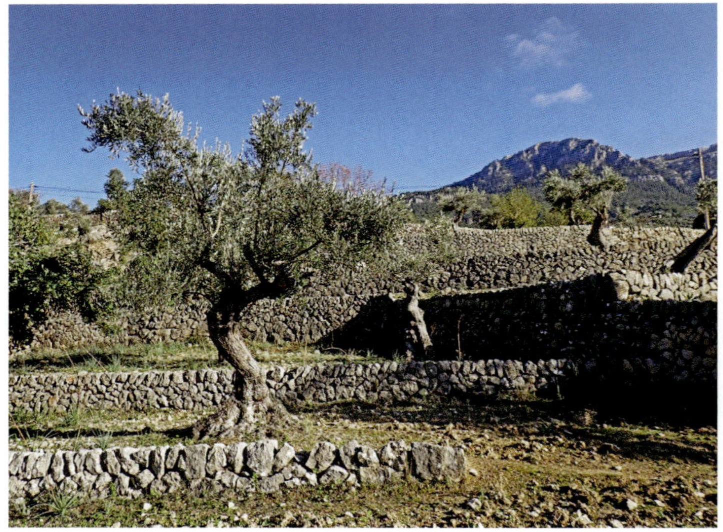

Terrassierter Olivenhain bei Deià

Sie nachfolgend eine Mischung aus anstrengenden Wanderungen für Schwindelfreie, Ganztagestouren für Geocacher, hundefreundlichen Touren, spannenden Wegen für Kinder und Strecken für junge Eltern mit Buggy. Vollkommen abgelegene unmarkierte Pfade werden ebenso beschritten wie seit Langem beliebte Wege und neu angelegte Naturparkstrecken. Nicht immer ist es der für viele Bergtouren typische Dreiklang: Aufstieg – Aussicht – Abstieg. Oft gibt es mehrere Erhebungen oder die Tour beginnt mit einem Abstieg.

Alle Tourenbeschreibungen enthalten Antworten auf die Fragen, ob der Weg eher sonnig oder eher schattig ist, ob die Strecke auch für Kinder, Buggys und Hunde geeignet ist und ob es Rastgelegenheiten auf Bänken, an Picknicktischen oder in einer Hütte gibt. Die mir bekannten Geocaches finden ebenso Erwähnung in der Beschreibung wie Badeplätze und Sehenswürdigkeiten. Bitte beachten Sie bei den **Geocaches**, dass Multis, Rätsel-Caches, Wherigos und Letterbox-Hybrids üblicherweise zeitaufwendig sind und von der Wanderstrecke wegführen. Manch eine Tour verläuft durch unerwartet unbesiedelte Regionen der Insel. Die Tourenbeschreibungen enthalten daher neben der eigentlichen Wegbeschreibung auch stets einen Hinweis auf Gastronomie am Wegesrand, damit Sie vor der Wanderung genug Proviant einpacken oder sich auf eine Einkehr unterwegs freuen können. Die gut als Touristenautos erkennbaren Mietwagen auf den zum Teil sehr entlegenen Wanderparkplätzen sind bei Autoknackern sehr beliebt. Lassen Sie nichts von Wert im Fahrzeug zurück. Im Schadensfall können Sie unter der Nummer ☏ 902 102 112 in Ihrer Muttersprache telefonisch Anzeige erstatten, die dann nur noch in der nächsten Polizeiwache ausgedruckt und unterschrieben werden muss.

Die Berge der Serra de Tramuntana verursachen im Mobilfunknetz einige Abschattungen, in denen Sie nicht im gewohnten Netz telefonieren/simsen/surfen können – mitunter sind nicht einmal **Notrufe** (Rufnummer 091) möglich.

An dieser Stelle möchte ich meiner Mutter Gerda Retterath, meinen Töchtern Aurelia, Nele und Cari sowie unserem Freund Herbert Wiens dankbar zuwinken. Ohne euch wären die Recherchewanderungen langweilig, anstrengend oder auch gar nicht möglich gewesen. Außerdem danke ich Melanie und Stephan Bonnen für das liebevolle Hundesitting während unserer Abwesenheit. Dori, Paolo, Andreu und Maria danke ich für schöne Wanderungen und Corinna Steinbach für eine Bibliotheksrecherche. Ganz wichtig ist mir ein Dank an meine treue Wanderfreundin Silke Sohler, die mir während meiner Vor-Ort-Recherchen zweimal spontan und zuverlässig in schwierigen Situationen half.

Allen Lesern wünsche ich genauso viel Freude beim Wandern auf Mallorca, wie wir sie bei den Recherchewanderungen hatten.

Ihre Ingrid Retterath

Reise-Infos

Anreise

Von allen Flughäfen in Deutschland, Österreich und der Schweiz starten Charter- und Linienflüge nach Palma, die Flugzeit liegt bei etwa 2 Std.

Den Hafen von Palma steuern Fähren von Valencia (7 Std.), Dénia (5 Std.) und Barcelona (7 Std., Expressfähre 4 Std.) an, nach Alcúdia setzen Fähren von Valencia über.

Standorte und Unterkünfte

Alle Touren sind aus den üblichen Urlaubsorten mit dem Mietwagen gut zu erreichen. Wer ein Hotel in Alcúdia, in Peguera/Magaluf/Palmanova oder an der großen Bahia de Palma (Can Pastilla bis Arenal) bucht, erreicht binnen weniger Minuten die Autobahn und ist von dort schnell am Startpunkt seiner Wanderung. Wer keinen Wagen mietet, ist in Alcúdia und Can Picafort gut aufgehoben, weil dort einige gute Buslinien in die Tramuntana und an die Nordostküste verkehren. Für die südliche Tramuntana ist Sóller bzw. Port de Sóller ein gutes Standquartier, sogar mit Bahnanschluss.

Für Ihren Wanderurlaub bietet sich Ihnen eine große Auswahl an Unterkünften, die nur von Ihren Ansprüchen und finanziellen Möglichkeiten beschränkt wird. Von der urigen Berghütte ohne fließendes Wasser über spezielle Wanderhotels und typische Pauschalurlauberhotels bis hin zu edlen Luxushotels ist alles vertreten. Campingplätze und offizielle Wohnmobilstellplätze sind kaum zu finden, wildes Zelten ist verboten. Campen ist am Santuari de Lluc und mit Erlaubnis des Grundeigentümers vielerorts möglich. Wer länger bleibt, wird die Unabhängigkeit in einer Ferienwohnung oder Finca zu schätzen wissen.

Verkehrsmittel

„Orangenexpress" wird die Bahnlinie von Palma über Bunyola nach Sóller liebevoll genannt. Den Fahrplan finden Sie auf www.trendesoller.com.

Eine Linienübersicht der Bus- und Bahnlinien von CTM und die entsprechenden Fahrpläne finden Sie unter www.tib.org (auch auf Deutsch). Leider sind einige Startpunkte gar nicht, andere nur im Sommer mit dem Bus erreichbar.

Etliche Startpunkte lassen sich am besten mit dem Mietwagen ansteuern. Bitte beachten Sie beim Parken die farbigen Markierungen: gelb = Parkverbot, grün = Anwohnerparkplatz, blau = kostenpflichtig, weiß = Parkplatz ohne Bedingungen.

Wanderinfrastruktur

Im Wegenetz auf Mallorca ist die Orientierung (noch) nicht ganz so leicht wie in den Alpen und deutschen Mittelgebirgen. Ein großer Teil aller Wanderwege, Bergpfade, Schotterpisten, Wirtschaftswege und Eselspfade ist unmarkiert. Der Wanderer benötigt an manch einer Stelle ein gewisses Orientierungsvermögen, etwas Gespür oder Glück und in jedem Fall einen Blick in die Karte und in den Wanderführer. Selbst viele der beliebtesten Wege sind nur provisorisch mit Farbtupfern oder Steinmännchen markiert. In den Naturparks und im Tramuntana-Gebirge sind inzwischen von den Naturschutzverbänden und Touristikern allerorts Wegweiser und Markierungen ergänzt worden. Das begeistert die einheimischen Wanderer nicht besonders, die sich darum sorgen, dass gut markierte Wege zu viele falsch ausgerüstete Möchtegernwanderer in die Berge locken. Andererseits dienen **Markierungen** aber auch dem Naturschutz, wenn alle Wanderer sich daran halten und damit die Natur rechts und links der markierten Routen ungestörter bleiben kann.

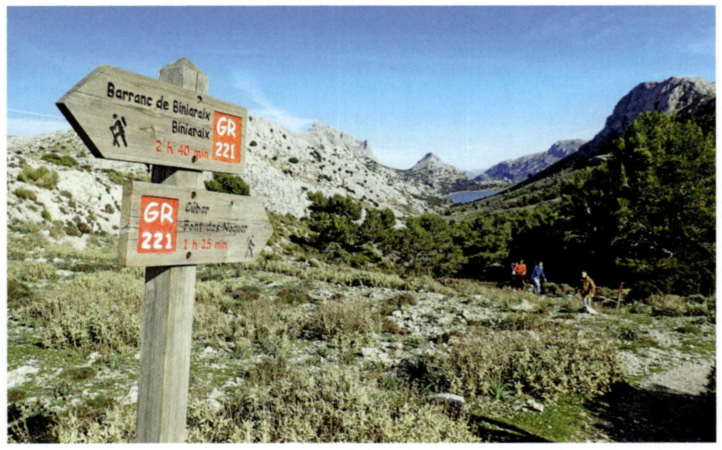

Auf den GR 221 treffen Sie z. B. zwischen dem Cúber-Stausee und dem Puig de l'Ofre.

Das umfangreiche Wegenetz auf Mallorca umfasst natürlich nicht nur die 27 von mir vorgestellten Rundwanderwege. Weitere Rundwanderungen, aber auch zahlreiche Streckenwanderungen und Hin-und-zurück-Wege führen zu anderen schönen Fleckchen auf dieser Trauminsel. Vielfach wird von meinen Rundtouren einer der **Fernwanderwege** tangiert. Mit meinen Tourenvorschlägen biete ich Ihnen quasi Appetithäppchen für eine längere Wanderreise an, vielleicht sogar mit Übernachtungen im Refugi (Berghütte), z. B. auf dem

▷ GR 221, Ruta de Pedra en Sec = Route der Trockensteinmauern, ca. 146 km von Port d'Andratx durch die Tramuntana nach Port de Pollença

🕮 „Mallorca: GR 221 – Route der Trockensteinmauern" von Hartmut Engel, Conrad Stein Verlag, ISBN 978-3-86686-545-7, € 12,90

▷ GR 222, einem noch im Bau befindlichen Weg von Artà nach Lluc mit Varianten ab Cala Millor/Capdepera und Can Picafort (bereits fertig: Lluc – Caimari, Can Picafort – Colonia de Sant Pere und im Naturpark Llevant)

▷ El Camí, dem 4.750 km langen spanischen Kulturweg, der auf Mallorca mit 103 km Länge von Santa Maria über Binissalem nach Alarò führt.

Auf Mallorca wandern Sie meist auf privatem Grund. Es gibt grundsätzlich ein Wegerecht für Wanderer, aber auch **gesperrte Strecken**. Die Grundbesitzer tolerieren zwar einzelne Wanderer, die Höflichkeit gebietet aber, dass Sie auf Mallorquin nicht nur „bon dia" (Guten Tag) sagen, sondern kurz (zur Not mit Händen und Füßen) fragen, ob Sie das Grundstück durchqueren dürfen. Schlechtes Benehmen von Wanderern, die ihren Müll fallen lassen, laute Musik hören oder in großen Gruppen laufen, führen leider dazu, dass immer häufiger Schilder mit der Aufschrift „Prohibido el paso" oder „Prohibit pasar" (Durchgang verboten) zu lesen sind. Ob damit nur Fahrzeuge ausgeschlossen sein sollen, können Sie als Wanderer nicht erkennen, sollten daher lieber Rücksicht auf den Wunsch des Grundeigentümers nehmen. Wenn Sie auf einem Schild „Coto privado de caza" oder „Vedat privat de caça" lesen, werden Sie allerdings nur auf ein privates Jagdgebiet aufmerksam gemacht und dürfen Ihren Weg fortsetzen.

Wandervokabeln für Mallorca

badia	große Bucht
barranc	Schlucht
bosc	Wald
cala/caló	kleine Bucht
camí	Weg
ca/ca'n/cas/casa	Haus
cap	Kap
capella	Kapelle

carrer, calle	Straße
castell/castello	Burg
coll	Pass
coma	kleines Tal
cova	Höhle
creu	Kreuz
ermità	Einsiedelei
església	Kirche
far/faro	Leuchtturm
finca	Landgut
font	Quelle
forn de calc	Kalkofen
itinerario	Route, Weg
limit	Grenze
mar	Meer
mirador	Aussichtspunkt
monestir	Kloster
penyal	Felswand
pla	Ebene
platja	Strand
pont	Brücke
port	Hafen
puig	Gipfel
punta	Halbinsel, Landzunge
refugi	Berghütte (meist abgeschlossen)
roca	Fels
santuari	Heiligtum
senda	Pfad
serra	Gebirgskette
talaia	Wachturm
torre	Turm
torrent	Bach, Bachbett
vall	Tal
a baix/dalt	unten/oben
a la dreta/a l'esquerra	rechts/links
nord/llevant/sud/oest	Norden/Osten/Süden/Westen
aigua/aigua potable	Wasser/Trinkwasser

Bei den mallorquinischen Ortsnamen sollten Sie wissen, dass ll wie j (Mallorca = Majorka, Lluc = Juck, Sóller = Sojer) ausgesprochen wird. Die Endungen -tx und -uig hören sich wie tsch (Fornalitx = Fornalitsch, Andratx = Andratsch, Puig = Putsch) an.

Klima und Reisezeit

Wandern ist auf Mallorca zu jeder Jahreszeit möglich. Das **Frühjahr** hält mancherorts etwa im Februar zur Mandelblüte Einzug und ist mit seinen angenehmen Temperaturen und den bunten Farben die schönste Zeit des Jahres für Wanderer. Zum Baden ist das Wasser in den Calas am Wegesrand noch zu kalt. Das subtropische Mittelmeerklima ist verantwortlich für heiße, trockene **Sommer**. Das Wandern in praller Mittagssonne ist dann keine Freude, viele Wanderer wählen schattige Touren oder gehen frühmorgens bzw. spätabends. Auch im **Herbst** ist das Wetter meist stabil. Die Lufttemperaturen lassen wieder sonnige Strecken zu, die Wassertemperaturen sind noch hoch genug für ein erfrischendes Bad. Wer gar nicht gerne bei Wärme wandert und im Winter kommt, wird sich darüber wundern, dass das Thermometer selbst zum Jahreswechsel mitunter noch 18 oder 20 Grad anzeigt. Insgesamt ist es wechselhafter und regnerischer als im restlichen Jahr, manchmal gibt es in Höhenlagen der Tramuntana auch Schnee. Wenn die Schneelage es zulässt, wird eine Winterwanderung zu einem unvergesslichen Erlebnis. Achten Sie aber bitte darauf, dass viele „Futterkrippen" von November bis März geschlossen sind. Ein gut gefüllter Proviantrucksack mit heißem Tee sollte also gepackt werden.

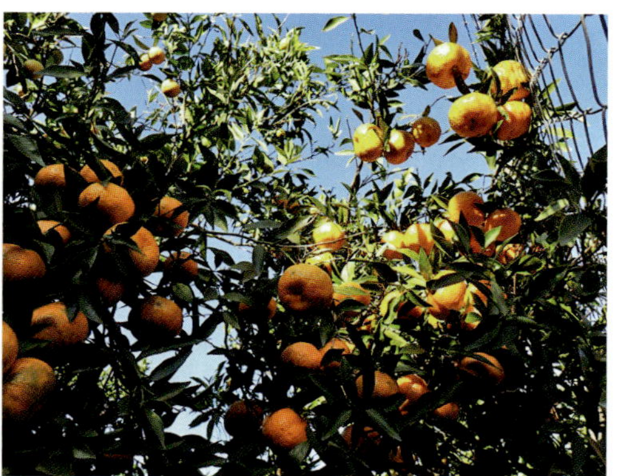

Mandarinengarten in Binibassi

Bitte informieren Sie sich in Ihrer Wetter-App, in der Zeitung, an der Hotelrezeption oder auf der Anfahrt im Inselradio über die Wetterprognose für Ihr spezielles Wandergebiet. Zwischen Palma, Sóller und Artà können 6 Grad Temperaturunterschied liegen, an der einen Stelle regnet es den ganzen Tag, während es 15 km weiter warm und wolkenlos ist.

Karten und GPS

Für Mallorca empfehle ich, Wanderkarten im Maßstab 1:25.000 zu kaufen. Die Karten von Editorial Alpina (Tramuntana Nord/Central/Sud und Caps del Nord) sind gut zum Wandern geeignet. Auch kleine Pfade sind darauf zu finden und sie entsprechen am ehesten den tatsächlich vorgefundenen Gegebenheiten. Sie können die Karten einzeln als Papierausgaben mit Beiheft (je € 15,90) oder als Set für die ganze Tramuntana inkl. Caps del Norte mit zwei beidseitig bedruckten Karten (ohne Beihefte) auf wasserfestem synthetischem Papier (€ 29,90) kaufen. Abriebbeständiger und ebenfalls wasserfest sind die Karten 427 und 428 von Publicpress (Serra de Tramuntana Nord bzw. Süd, € je 6,99), aber leider ungenauer. Für die ganze Insel gibt es ein Wanderkartenset von Kompass mit vier beidseitig bedruckten Karten im Maßstab 1:35.000 (€ 16,99).

Von freytag & berndt sind Karten im Maßstab 1:50.000 erhältlich, die ebenfalls die gesamte Insel abdecken. Die beidseitig bedruckte Karte „Mallorca“ mit festem Deckel kostet € 10,90, ist allerdings etwas sperrig und unhandlich. Das Kartenset mit zwei Blättern (Mallorca Süd und Mallorca Nord) und Beiheft kommt ohne den harten Deckel aus und kostet € 16,99. Außerdem bietet freytag & berndt noch eine handliche, beidseitig bedruckte Karte für die Tramuntana und angrenzende Gebiete im Maßstab 1:50.000 an (€ 9,20).

☺ Einige der in diesem Führer beschriebenen Wanderwege laufen durch mehr oder weniger flaches Gelände ohne nennenswerte Höhenunterschiede. In diesen Fällen wurde auf die Darstellung eines Höhenprofils verzichtet.

Die GPS-Tracks zu den beschriebenen Wegen können Sie auf der Internetseite des Verlags (💻 www.conrad-stein-verlag.de) herunterladen.

Wandern mit Kindern und Buggy

Mallorca bietet Familien ideale Wanderbedingungen, von jedem Urlaubsort können Sie mehrere schöne Wanderungen innerhalb von einer halben Stunde mit dem Mietwagen erreichen. Manche Touren führen durch steiles und felsiges

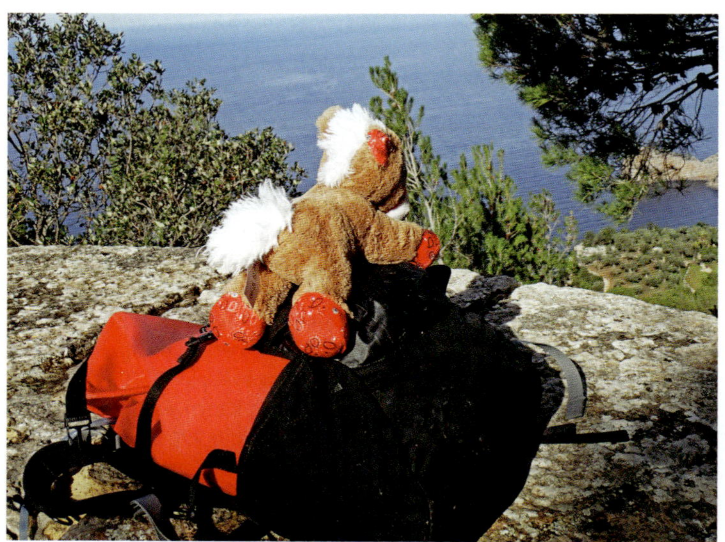

Auch das Stoffpferd genießt die Aussicht.

Gelände, sind also eher für ältere und trittsichere Kinder geeignet. Ich habe für Familien mit größeren Kindern einige spannende Strecken mit vielen Naturerlebnissen oder Geocaches ausgesucht. Familien mit kleinen Kindern finden kurze Touren ohne Gefahrenpunkte.

Meine bei den ersten Recherchen vierjährige und am Ende fünfjährige Tochter Aurelia hat mich auf etlichen Strecken zu Fuß begleitet. Bitte sparen Sie nicht bei den Schuhen. Die spitzen Steine können einem Kind sehr schnell die Wanderlaune vermasseln. Gut passende Schuhe mit robuster Wandersohle „laufen fast alleine", wie Aurelia einmal nach einer 8 km langen Regenwanderung sagte.

Meine einjährigen Zwillinge fühlten sich in meinen Tragen von Hoppediz, Buzzidil und Milamai und in ihrem geländegängigen TFK-Buggy sehr wohl. Den Tragen ist bei Wanderungen auf der Insel eindeutig der Vorzug zu geben, denn leider sind auf Mallorca die meisten Wanderwege vollkommen ungeeignet für Buggys, überall gibt es Stufen, Felsen und grobes Geröll. Auch die wenigen überhaupt mit Buggy befahrbaren Touren führen über rauen Schotter und bergen immer einige Stufen oder Engstellen, an denen der Wagen kurz angelupft werden muss. Wichtig bei der Auswahl des Gefährts sind eine gute Federung und große

Räder, bei Buggys sind es zwei Räder, bei Joggern nur ein großes Rad. Bitte starten Sie nicht nicht mit einem dieser superleichten Buggys mit Minirädern, Sie werden keine Freude haben.

Wandern mit Hunden

Viele Einheimische und Touristen sind auf Mallorca mit einem vierbeinigen Wanderpartner unterwegs. Wir sahen eher kleine Hunde, die in die Flugzeugkabine mitgenommen werden dürfen. Ich selbst stresse meine großen Hunde nicht mit einem Flug im Gepäckabteil, habe aber bei jeder Wanderung auf Hundetauglichkeit geachtet.

Bitte überfordern Sie Ihren Hund bei der Auswahl der Strecke nicht, besonders an heißen Sommertagen. Durch seine Abstecher rechts und links des Weges läuft er ja viel weitere Strecken als Sie. Wasser müssen Sie für Ihren Hund bei fast allen Touren mitnehmen, denn der Großteil aller in den Karten eingezeichneten Bäche ist fast ganzjährig ausgetrocknet. Natürlich nimmt ein verantwortungsvoller Hundehalter die Hinterlassenschaften seines Hundes mit, wenn dieser sich mitten auf dem Wanderweg, in einer Ortschaft oder auf einem Feld, auf dem Nahrungsmittel produziert werden, erleichtert hat. Beachten Sie bitte, dass in Naturschutzgebieten und Naturparks Leinenpflicht für Hunde besteht. ✋ Eine letzte Warnung an Halter von fröhlichen Hunden: Das Toben mit anderen Hunden kann im Gebirge tödlich enden. Während meiner Recherchen im Dezember 2016 stürzte ein spielender Hund am Puig d'Alaró vom Plateau in die Tiefe.

Updates

Der Conrad Stein Verlag veröffentlicht Updates zu diesem Wanderführer, die direkt von der Autorin oder von Lesern des Buches stammen. Sie finden diese auf der Verlagshomepage 💻 www.conrad-stein-verlag.de. Der rechts abgebildete QR-Code führt Sie direkt dorthin.

Südliche Tramuntana

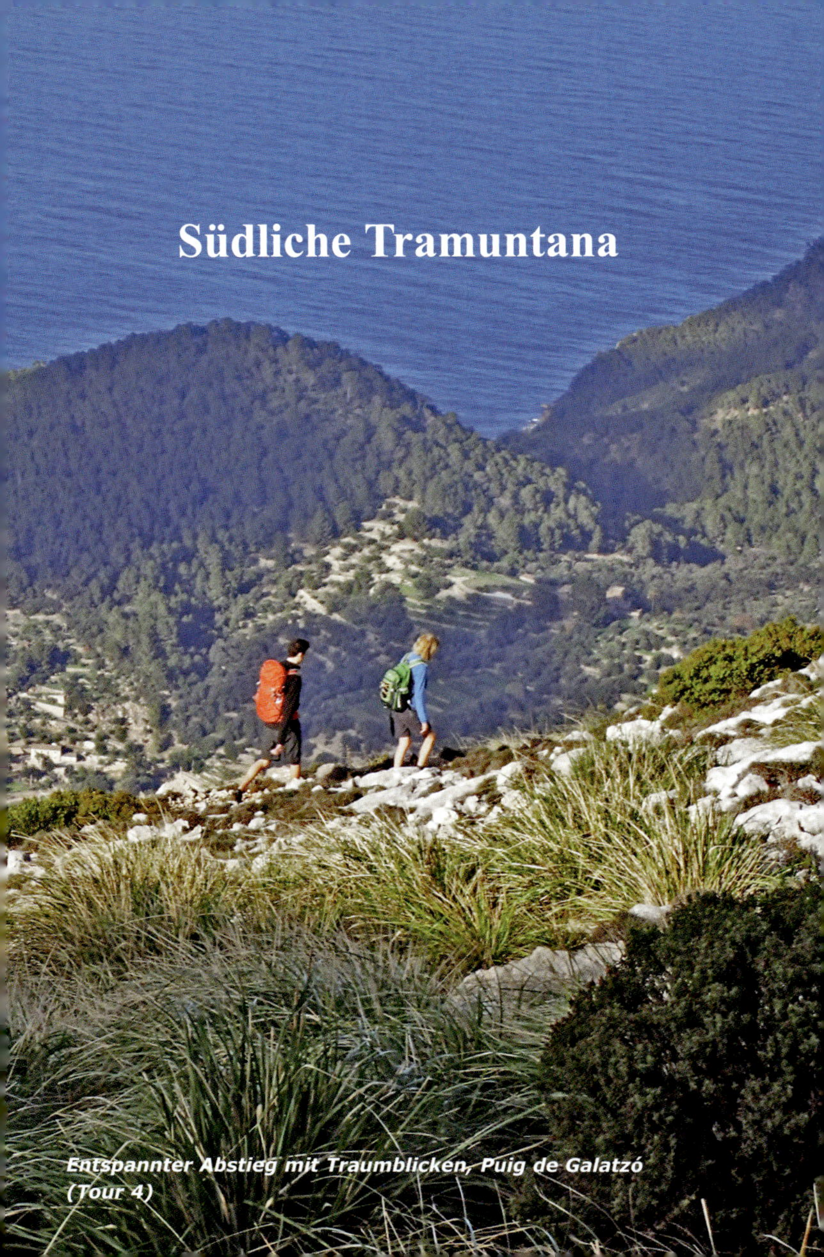

Entspannter Abstieg mit Traumblicken, Puig de Galatzó (Tour 4)

1 Von Portals Vells um das Cap de Cala Figuera

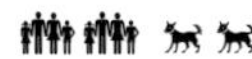

Für geschichtsinteressierte Küstenwanderer

An der Halbinsel Punta des Cavall zeugen riesige Steinbruchhöhlen vom Sandsteinabbau. Oberhalb führt ein zum Teil schmaler Küstenpfad mit zwei kleinen Kraxelstellen durch das ehemalige Militärgelände zum Leuchtturm von Cala Figuera und zu einem alten Piratenturm. Hinter der Halbinsel Punta des Catius verlassen Sie die Küste und wandern durch das Schatten spendende Waldgebiet zurück zu den Stränden der Cala Portals Vells. Die Strecke bietet insgesamt mehr Sonne als Schatten.

Start/Ziel: Strandrestaurant Es Repós am P Parkplatz Portals Vells, GPS N 39°28.332' E 002°31.171'

6,9 km

2 Std. 30 Min.

136 m/136 m

1-90 m

einige Farbmarkierungen, keine durchgehende Kennzeichnung

Restaurante Es Repós am Start/Ziel und Restaurant Playa del Mago in der Bucht El Mago nördlich vom Startpunkt (300 m entfernt)

keine typischen Gelegenheiten für eine Rast auf Sitzbänken, an Rastplätzen oder in Schutzhütten, aber viele Felsblöcke in Sitzhöhe auf der gesamten Strecke

vier Strände in der Cala Portals Vells (El Mago, der nördlichste, ist ein FKK-Strand) am Start/Ziel

GC6MJB0 La terraza de el Mago, Tradi; GC1VB3P Chrissi's Cache, Tradi; GC2ZM7M Rope experiences N° 8 – deff goes 1.000, Tradi; GC684MM Caty's Cache, Tradi; GC2M995 Cap de Cala Figuera, Tradi; GC2M98Z Zona M VI, Multi; GC2M986 Zona M – Torre de Piratas; GC5JT0V Origami by the sea, Tradi; GC4TCRP °°° Bock auf Filmdose °°° Mallorca Edition °°°, Tradi; GC4TCTN °°° Big Game °°°, Tradi

Für den Abstieg zur Cala Figuera müssen Kinder trittsicher und schwindelfrei sein, ansonsten gibt es viel zu sehen und zu cachen.

Der raue Küstenpfad ist mit dem Buggy nicht befahrbar. Auf der alten Militärpiste (sie beginnt an der Zufahrtsstraße zur Cala Portals Vells am Tor neben dem Stein „Portals Vells – Costa de Calvià") lässt sich der Leuchtturm mit dem Buggy als Hin-und-zurück-Strecke erreichen

Das Laufen durch pralle Sonne auf dem rauen Küstenpfad mit zum Teil scharfem Karstgestein ist nicht ideal für Hunde. Für die kurzen Kletterpassagen an der Cala Figuera muss Ihr Hund gut gehorchen und trittsicher sein. Bitte Wasser mitnehmen.

P Parkmöglichkeit auf zwei P Parkplätzen am Startpunkt (im Sommer schon am späten Vormittag mit Badegästen belegt), Anfahrt: von Magaluf am Wasserpark vorbei durch den Golfplatz Poniente, an der Gabelung rechts auf der Straße hinab zur Cala Portals Vells

keine Busverbindung zum Startpunkt

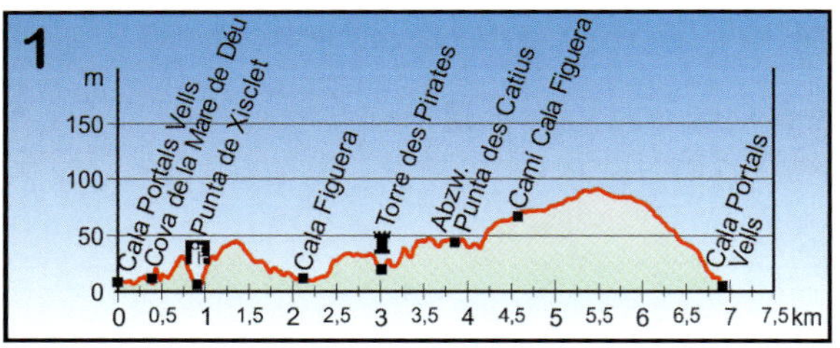

Diese Wanderung beginnt am Strand von Portals Vells neben dem Restaurante Es Repós.

Restaurante Es Repós, Playa Portals Vells, 07181 Portals Vells/Calvià, 971 180 492

Sie steigen rechts ein paar Stufen hinauf und passieren ein kleines Gebäude, bevor Sie einen kleinen Strand überqueren und erneut Stufen hinaufsteigen.

Nach links führt ein Küstenpfad zu einer riesigen Höhle namens **Sa Cova de la Mare de Déu**. Sie ist menschengemacht; hier wurde schon im 14. Jahrhundert Sandstein abgebaut und als Baumaterial für Herrenhäuser, Kirchen und sogar für die Kathedrale von Palma verwendet. Viele kleine und große Künstler haben sich bildhauerisch am weichen Sandstein versucht, sogar eine liebevoll gearbeitete Höhlenkapelle ist zu sehen. Die Überlieferung sagt, dass im 15. Jahrhundert vor der Punta de Xisclet ein Schiff aus Genua in Seenot geriet und strandete. Die gesamte Besatzung konnte sich in die Höhle retten, der Kapitän ließ zum Dank eine Marienstatue aufstellen. Sie war bis ins 19. Jahrhundert das Ziel vieler

Marienwallfahrer. Nach einem Felssturz in der Höhle wurde die Statue in der Dorfkirche von Calvià in Sicherheit gebracht.

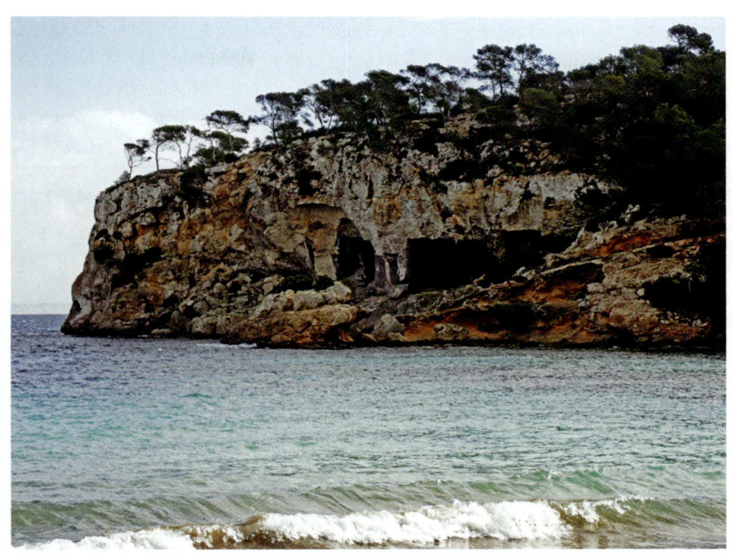

Blick hinüber zur Sa Cova de la Mare de Déu

Zurück an der Treppe folgen Sie einigen auf Steine gemalten roten Punkten bergauf (von der Höhle links, vom Strand geradeaus). Der Pfad trifft auf eine Schotterpiste, auf dieser gehen Sie nach links. An der Gabelung biegen Sie links ab. Was im Winter wie ein Plateau aussieht, ist im Sommer ein eng gefüllter P Parkplatz. Sie erreichen die Landzunge **Punta de Xisclet** 🌐 mit einem schönen Blick auf die Bucht von Portals Vells.

In Laufrichtung rechts (vom Aussichtspunkt kommend links) folgen Sie dem Pfad auf den Klippen und queren das Ende einer Piste. Hier können Sie schon den Leuchtturm am Cap de Cala Figuera sehen. Der nächste 🌐 Geocache ist nur für Kletterer mit entsprechender Ausrüstung erreichbar. An der nun folgenden Gabelung können Sie geradeaus einen kleinen Abstecher zur **Punta des Cavall** machen, der Rundweg führt an der Gabelung rechts um die Bucht **Cala en Beltran** herum 🌐. Ein kurzes Stück geht es kraxeliger im Fels bergab (rote und gelbe Punkte) und an einer kleinen Höhle entlang zur **Cala Figuera**. Sie sollten hier keinen Badestopp einplanen, die winzige Bucht ist meist hoch mit hässlichem Treibgut bedeckt.

Aus der Bucht führt der Pfad über einige in den Fels gehauene Trittstufen steil bergauf 🌐 zu einem Fahrweg. Diesem folgen Sie nach links, er führt an ehemaligen Militärgebäuden entlang. Nach dem Ersten Weltkrieg wurde hier eine Küstenbatterie zum Schutz der Inselhauptstadt errichtet, 1989 wurde der Betrieb eingestellt, bis 1996 war dieser Bereich militärisches Sperrgebiet. Sie kommen zu

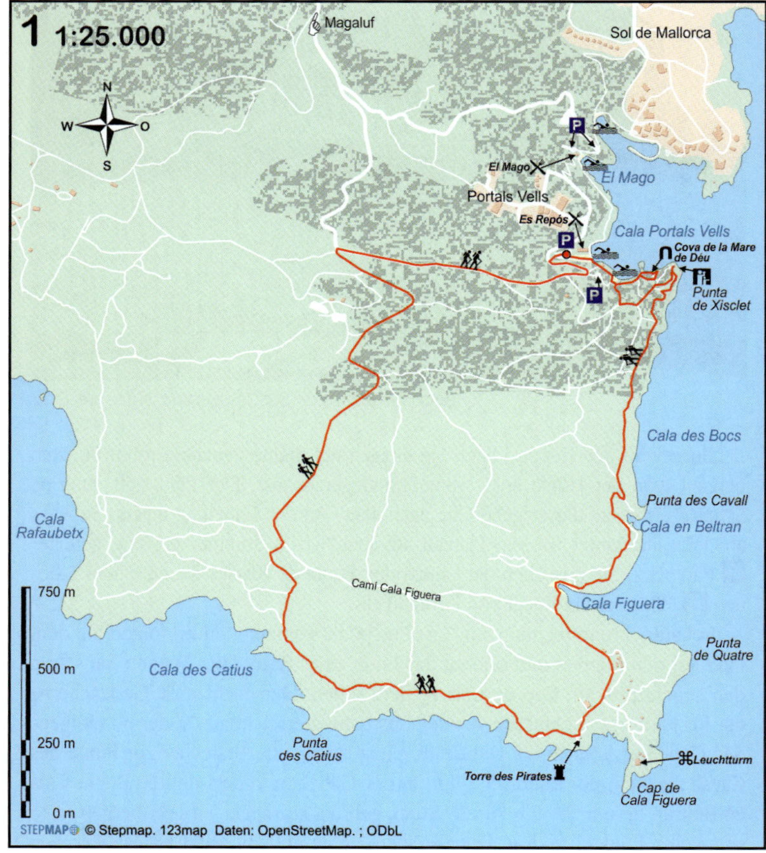

einer Gabelung 🌐, wo Sie einen kleinen ↳ Abstecher in Richtung der Radarstation von 1970 und des **Leuchtturms** von 1860 machen können. Beides kann aber nicht besichtigt werden.

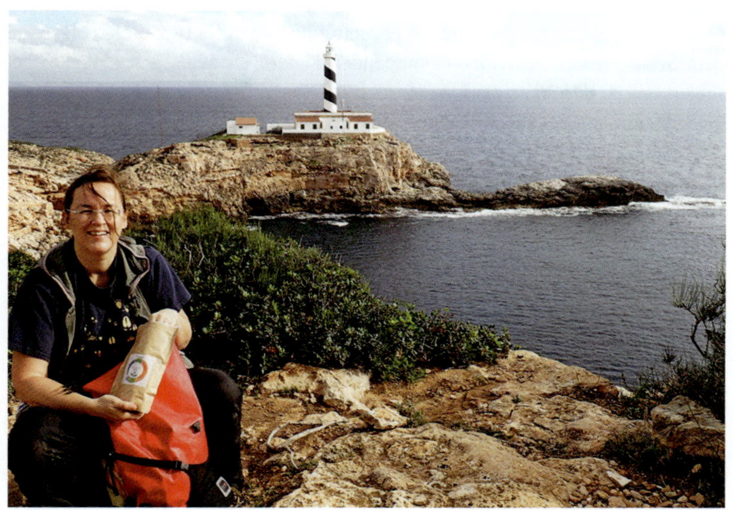

Picknick am Torre des Pirates

Rechts an der Gabelung führt der Rundweg als Nächstes zum einsturzgefährdeten **Torre des Pirates** 🌐. Anders als der Name vermuten lässt, ist dies kein von Seeräubern gebauter Piratenausguck, sondern ein 1579 errichteter Wachturm gegen Piratenüberfälle. Von dort wandern Sie wieder auf einem sich verzweigenden Küstenpfad durch die Macchia, nur wenige Bäume bieten Schatten. ↳ 🌐 Geocacher werden an der nächsten Gabelung einen Abstecher nach links zur **Punta des Catius** machen wollen, an dem sich noch einmal ein schöner Blick zurück zum Leuchtturm bietet. Weiter geht es allerdings geradeaus auf dem breiteren Pfad.

An der **Cala des Catius** mit ihren steil abfallenden Klippen führt der Pfad von der Felsküste weg zu einer Gabelung. Hier laufen Sie geradeaus auf das Wäldchen zu, folgen also dem blauen Pfeil.

↳ Wer an der Cala des Catius an der Gabelung links den Steinmännchen folgt, kommt auch wieder zum Startpunkt, wenn er sich in der Cala Rafalbetx zunächst nach Norden, später nach Osten orientiert. Das sind – je nach Strecke – etwa 2 km mehr.

An der folgenden Gabelung gehen Sie nach links, an der nächsten rechts zum **Camí Cala Figuera**, der Zufahrt zum Leuchtturm und zur Radarstation. Folgen Sie dem Schotterweg nach links. Nun spenden Kiefern etwas Schatten, Waldvögel singen und in der Ferne sind Wellen und Möwengeschrei zu hören. Trotz einer Vielzahl von abzweigenden Pfaden bleiben Sie immer auf der Piste, es sei denn, Sie wollen kurz rechts für einen pfiffig gemachten 🌐 Geocache abbiegen.

Auf dem Camí Cala Figuera

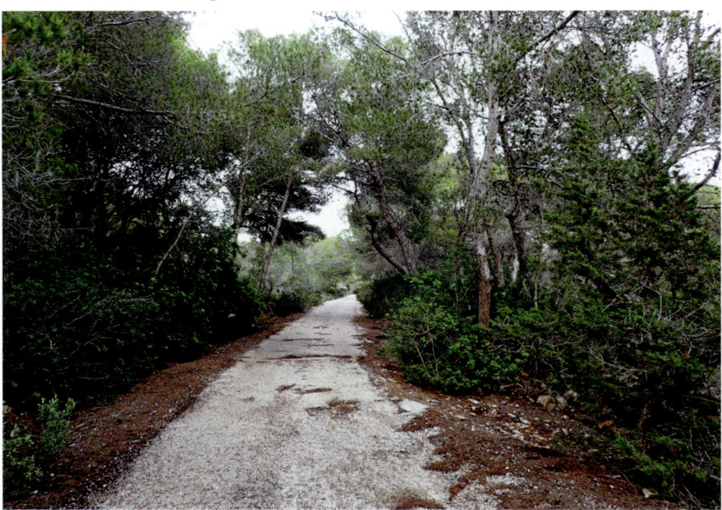

Sie verlassen den Wald. Der von den Eigentümern gewünschte Weg führt an der Gabelung noch 90 m geradeaus zum Tor 🌐, die meisten Wanderer kürzen aber schon am Ende des Stacheldrahtzauns nach rechts ab. Am Tor lesen Sie auf dem **Steinwegweiser „Portals Vells – Costa de Calvià“**, er müsste Ihnen von der Anfahrt bekannt sein. Für alle führt der Weg nun rechts etwa 1 km auf der Zufahrtsstraße hinab zum Ausgangspunkt.

❷ Von Peguera zum Torre de Cap Andritxol

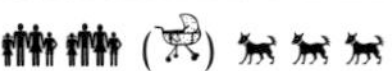

Für Cineasten, Nudisten und Architekturfreunde

Zwischen Peguera und dem Cap Andritxol liegt die Caló d'en Monjo. Sie bot schon eine bezaubernde Kulisse bei Dreharbeiten, ist aber heute eher eine beliebte Badebucht für FKK-Anhänger. Ein weiterer Höhepunkt dieser Runde ist der Turm Talaia des Cap Andritxol. Die Strecke verläuft überwiegend durch schattigen Kiefernwald.

- Start/Ziel: am Kreisverkehr Cala Fornells am Supermarkt Casa Pepe (Bulevar Peguera), GPS N 39°32.219' E 002°26.678' (für Badenixen und Peguera-Urlauber ist der Startpunkt am Strand)
- 6,5 km
- etwa 2 Std. 30 Min.
- ↑↓ 219 m/219 m
- ⇧ 0-139 m
- einige Wegweiser, sonst ohne Markierungen
- Restaurante La Gran Tortuga (km 0,6), weitere Bodegas, Bars, Restaurants und Cafés in Cala Fornells und Peguera
- Einkaufsmöglichkeiten in Peguera
- Sitzbänke und passend hohe Mäuerchen an den Badebuchten, am Torre del Cap Andritxol (km 3,5) und in der letzten Straßenkurve vor dem Ziel
- Bademöglichkeiten: Platja Palmira (herrlich flach, ideal für kleine Nichtschwimmer) und Platja de Torà in Peguera, Caló de ses Llisses (km 1,4), Cala Fornells (km 1,6) und Caló d'en Monjo (km 2,3, auch für Nacktbader)
- GC62F05 First Reverse Cache of Mallorca, Wherigo; GC3DBXC Through the Cliff – new edition, Multi; GC3YMHC Through the Cliff: Fossilisation (Mallorca), Earthcache; GC1ATDF Cala Fornells, Tradi; GCQD9Z Mallorca Panorama Cache, Multi; GC3XWK8 Spanning or Tanning, Tradi; GC1KWHT Torre d'Andritxol, Rätsel-Cache; GC1MY2B Rope experiences No. 3 – Cap Andritxol, Multi; GC6JK2J Cueva del Stellrich, Tradi; GC6DH5K Das längste L??? auf Mallorca?, Tradi
- Badebuchten, Geocaches und ein Turm machen die Runde zu einem kleinen Abenteuer.
- Mit dem Buggy kommen Sie bis zur Cala Fornells und mit einem kleinen Umweg in die Nähe der Caló d'en Monjo. Der Weg dahinter ist allerdings zu uneben für eine Weiterfahrt.

Bitte Wasser mitnehmen. Für die Straßen im Ort ist eine Leine nötig.

Parkmöglichkeiten sind in ganz Peguera Mangelware, vielleicht beim Startpunkt in der Carrer de l'Espiga oder auf dem Waldparkplatz oberhalb der Cala Fornells

Bushaltestelle Savina/Olivera, Linien L102 (stündlich) und L104 (3x stündlich) von Palma und Andratx

Touristeninformation zwischen den beiden Badestränden von Peguera, täglich 9:00 bis 18:00, mit Kinderspielplatz

An dem Mäuerchen mit dem eingelassenen Schild „Cala Fornells – Costa de Calvia" laufen Sie links die Straße Richtung Cala Fornells hinauf, zunächst neben einer Felswand, später durch ein Villenviertel. (Wer am Strand von Peguera startet, kommt am Hotel Mar y Pins von links die Treppe hinauf und biegt links ein.)

Sie passieren das Restaurante La Gran Tortuga und einige andere Einkehrmöglichkeiten mit Meerblick.

Restaurante La Gran Tortuga, Carrer de Cala Fornells 37, 07160 Peguera, 971 686 023, 10:00 bis 23:30, nur in der Saison

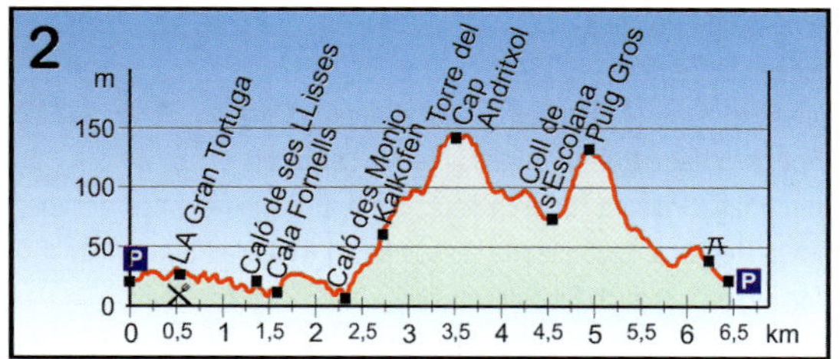

Der niedliche Baustil der riesigen Apartmentanlage Aldea Cala Fornells erinnert an mexikanische Pueblos, sie entstammt dem Reißbrett des russischen Architekten Pedro Otzoup. Sie haben einen weiten Blick über die Bucht von Santa Ponça bis Cala Fornells. Hinter dem Haus mit dem Kaktusgarten (Hausnummer 89) steigen Sie links den Pfad hinab, er kürzt einen Straßenbogen ab, der für Buggyfahrer besser geeignet ist. Unten an der Kreuzung erreichen Sie wieder die Straße und folgen ihr nach links. Links führen einige Stufen hinab zur kleinen Caló de ses Llisses, weit ist es aber auch nicht mehr bis zum Hauptstrand von **Cala Fornells**.

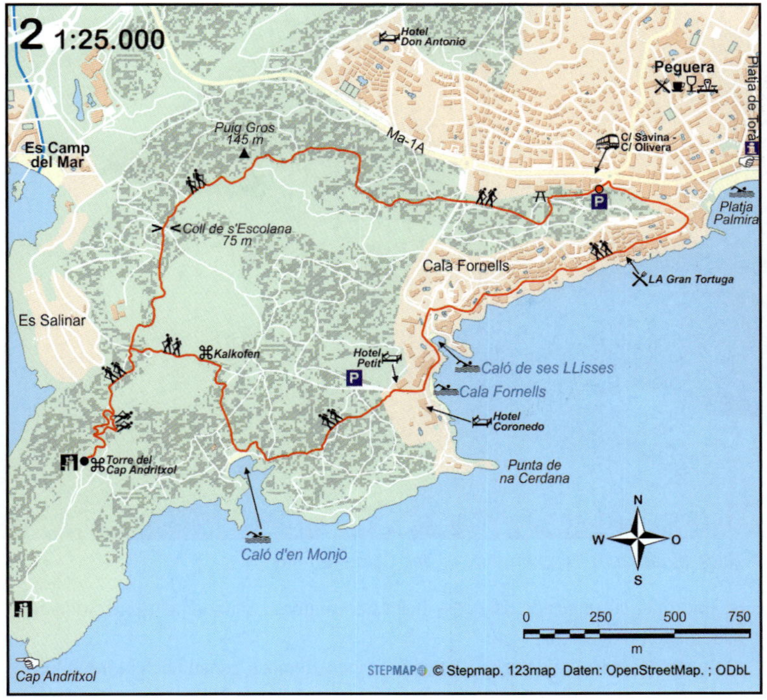

Am 🛏 Hotel Coronedo wandern Sie rechts die Straße hinauf bis zur Einfahrt zum 🛏 Hotel Petit, dort laufen Sie vor dem P Waldparkplatz 🌐 auf dem nach links führenden Pfad durch den Wald bergauf. (Buggyfahrer bleiben auf dem breiten Weg.) Nach 20 m gehen Sie an einer Gabelung nach rechts, queren einen breiteren Weg und wandern durch lichten Kiefernwald bergab. Eine Einmündung von links ignorieren Sie, laufen an der Gabelung links bergab (Buggys rechts) und gehen nach etwa 50 m an der Gabelung 🌐 rechts bis zu einer Kreuzung. Dort steigen Sie geradeaus über Mauerreste. Links liegt die **Caló d'en Monjo** („Mönchsbucht") mit einem Aussichtspunkt zwischen Abstiegen zu zwei Badestellen 🌐 mit Kiesstrand. 1981 war die Bucht Kulisse für die Agatha-Christie-Verfilmung „Das Böse unter der Sonne" mit Peter Ustinov und Jane Birkin. Sie ist bei Einheimischen beliebt, weil sie von schattigem Kiefernwald umgeben

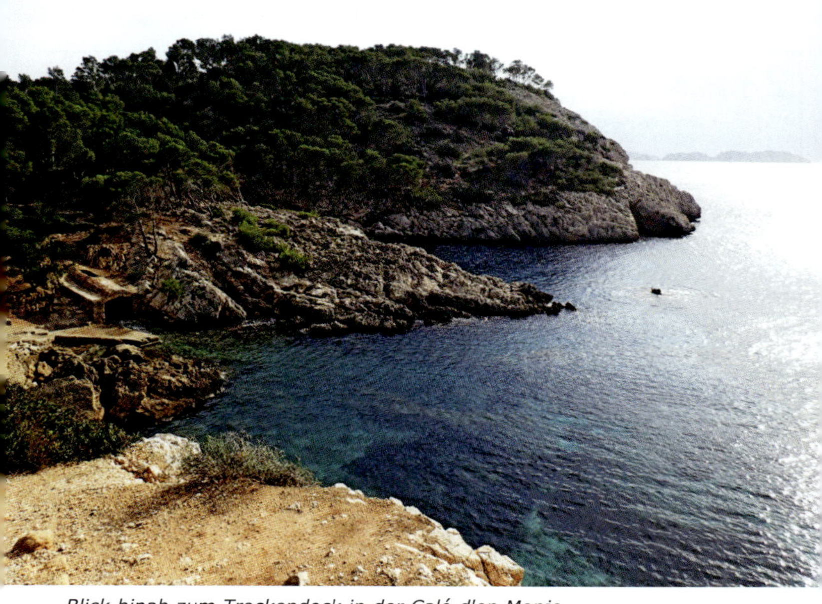

Blick hinab zum Trockendock in der Caló d'en Monjo

ist und man so ungestört ist, dass beim Schwimmen, Schnorcheln und Sonnenbaden auch FKK möglich ist.

In dem Gewirr von Wegen suchen Sie einen ziemlich genau nach Norden führenden, der unter der Stromleitung durch ein verfallenes Tor zu einer Wegkreuzung 🌐 führt. (Die Buggyfahrer kommen von rechts.) Hier folgen Sie geradeaus dem dunkleren Weg bergauf, für Buggys wird der Weg nun sehr uneben, ich rate zur Rückkehr auf dem Hinweg. An der Gabelung gehen Sie nach links, der Weg wird schmaler und führt bergauf zu einem breiteren Weg. Dort halten Sie sich halb links und laufen über grobes Geröll am ⌘ Kalkofen vorbei. (Ab hier müssen Sie etliche Stellen und Passagen einplanen, an denen Buggy und Kind getragen werden müssen, weil der Weg gestuft über Steine führt.) Gelbe Punkte und Steinmännchen führen Sie zu einer **Wegkreuzung an einer Zaunlücke**. Schilder weisen eindeutig darauf hin, dass der Privatbesitz hinter dem Zaun nicht betreten werden darf. Hier residierte früher das Model Claudia Schiffer, über den neuen Eigentümer ist wenig bekannt. Nach rechts führt später der Rückweg, geradeaus geht es nach Camp de Mar. Sie biegen links ab und folgen dem Pfad zum Cap Andritxol.

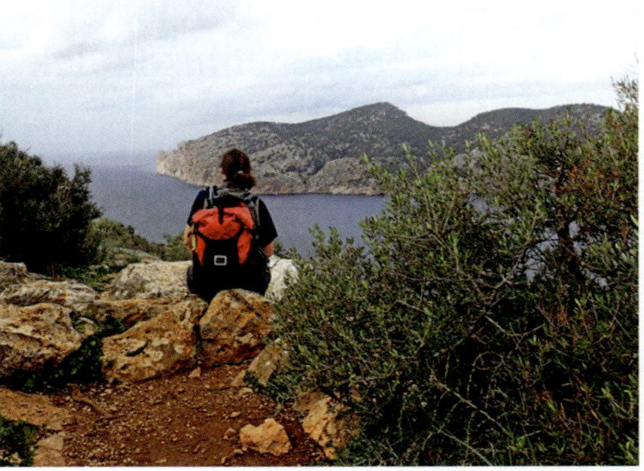

Blick hinter dem Torre d'Andritxol in die Cala Blanc und auf die Landzunge Cap d'es Llamp

Nehmen Sie an der Gabelung den steileren Weg rechts vom Zaun, Sie laufen nun parallel zum Zaun bis zur nächsten Zaunlücke. Dort haben Sie nach links einen Ausblick nach Peguera. An allen weiteren Gabelungen überlasse ich Ihnen die Entscheidung, denn alle rechten und linken Pfade führen immer wieder zusammen und hinauf zum **Talaia/Torre de Cap Andritxol** mit einem Blick auf die Cala Blanc, die Landzunge Cap d'es Llamp und auf die südliche Tramuntana. Der Wachturm nebst Turmwächterbaracken wurde im 17. Jahrhundert nach einem Piratenüberfall auf die Stadt Andratx errichtet und schützte fortan gegen die Bedrohung durch Seeräuber, Türken und andere Angreifer. Wer hinter dem Turm noch weitergeht, erreicht nach 10 bis 15 Min. das Cap Andritxol mit schönen Blicken aufs Meer.

Sie laufen nun zurück zu der Kreuzung an der Zaunlücke und dort geradeaus neben einer Bruchsteinmauer weiter. Grobe Steine und Macchia prägen die Landschaft. Der Blick geht auf den Puig Gros und den felsigen Puig de Garrafa im Hintergrund. Sie wandern bergab bis zum Ende der Mauer, dort an der Gabelung links und nach 50 m an der Kreuzung mit dem Wegweiser geradeaus. Durch die Macchia laufen Sie bergauf über diesen namenlosen Hügel, etwa 70 m Luftlinie an einem Geocache vorbei.

Wenn Sie auf der anderen Talseite die bunten Gebäude des Hotels Don Antonio sehen, wandern Sie an der Gabelung rechts auf Peguera zu. Der Weg führt steil bergab zu einem Wirtschaftsweg, diesem folgen Sie nach rechts. An der nächsten Gabelung gehen Sie nach links, überqueren eine Straße und nehmen den Pfad rechts neben der Leitplanke hinab zu einer T-Kreuzung. Von dort laufen Sie halb links zu einem Forstweg und folgen diesem geradeaus.

Noch einmal führt der Weg etwas bergauf, auf der Höhe halten Sie sich links und erreichen eine Haarnadelkurve mit Sitzbank. Folgen Sie der Straße bergab zum Startpunkt.

❸ Von Sant Elm zur Klosterruine La Trapa und zum Dracheninselblick

Für sichere Berggänger

Diese Wanderung bringt Sie auf breiten Wegen, schmalen Pfaden und über eine kurze Kraxelstelle (mit Seil gesichert) hinauf zur Klosterruine La Trapa und von dort auf breiten Schotterwegen fast zurück zum Startpunkt, um dann aber noch einen spannenden Bogen zum Torre Cala en Basset zu machen. Von dort geht es auf zum Teil sehr schmalen Küstenpfaden mit herrlichen Blicken auf die Dracheninsel La Dragonera zurück nach Sant Elm. Die Strecke führt zu etwa gleichen Teilen durch sonniges und beschattetes Gelände.

- Start/Ziel: Plaça de Mossén Sebastià Grau (Navi: Avinguda la Trapa/Carrer Algar), GPS N 39°34.987' E 002°20.970'
- 10,7 km
- 3 Std. 30 Min.
- 466 m/466 m
- 11-366 m
- keine Markierungen, nur vereinzelte Wegweiser
- Es Molí am Startpunkt, weitere Restaurants und Cafés im Ortszentrum
- Einkaufsmöglichkeiten im Ortszentrum
- Rastplätze bei La Trapa (km 2,8), Witterungsschutz bieten Can Tomeví, die Mühlenruinen San Telmo und La Trapa sowie der Torre de Cala en Basset.
- Bademöglichkeiten gibt es nicht am Weg, aber am anderen Ende von Sant Elm (Cala en Gemec) und mit Abstecher vom Can Tomeví (Cala en Basset).
- GC1EG55 Casa es Marge, Tradi; GC3M84H Laika, Tradi; GC2NEHT Moli de San Telmo (Lost Place), Tradi; GCPYMV Sa Trapa, Tradi; GC3M702 The Wall, Tradi; GCXTZM Cala Em Basset, Multi; GC3KEK9 Rope experiences No. 2.1 Torre Cala d'en Basset, Multi
- Die Strecke ist an zwei Stellen nur für große Kinder geeignet, die trittsicher und schwindelfrei sind. Ein Spielplatz am Start, ein Turm, ein Kloster, zwei Mühlen und einige Caches lockern die Tour auf, der Serpentinenweg bergab könnte als langweilig empfunden werden.
- Mit dem Buggy lässt sich der Weg bis zum Can Tomeví befahren, dort müssen Sie rechts dem Rundweg entgegen über das Coll de ses Animes zur Klosterruine wandern und auf demselben Weg zurück. Der Turm ist mit dem Buggy nicht erreichbar.

🐕 Wer seinen Hund auf diese Strecke mitnimmt, muss so tritt- und standfest sein, dass er ihn zur Not an einem mit Seil gesicherten Steilstück auf einem Fels und in einer Felsrinne an der Steilküste schieben/heben kann. Bitte Wasser mitnehmen. Für die Straßen in Sant Elm und für den Weg vor La Trapa (Naturschutz) ist eine Leine nötig.

P Parkmöglichkeit auf den Straßen rund um den Startpunkt und entlang der ersten Kilometer des Weges, kostenpflichtiger Parkplatz in Strandnähe am südlichen Ortsrand von Sant Elm

🚌 Bushaltestelle Sant Elm, Endhaltestelle der Linie L100 von Andratx (Mo bis Sa 5x, So 3x täglich)

☺ Die Strecke ist wie eine Acht geformt. Sie können am Can Tomeví auf etwa 8 km (Trapa) bzw. knapp 5 km (Küste) abkürzen.

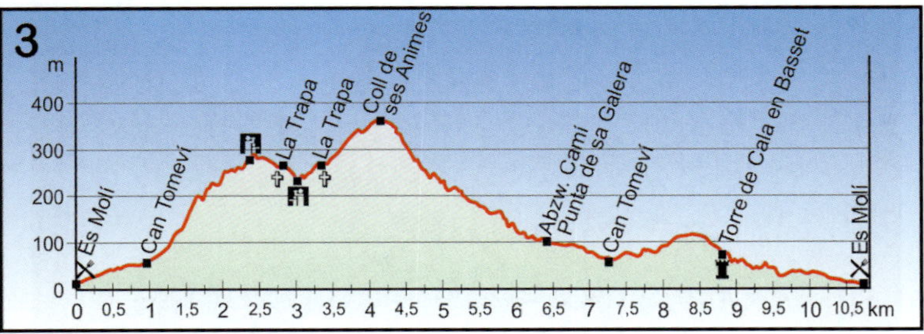

Vom Startpunkt am ✕ Es Molí (Sant Elm, Plaça de Mossén Sebastià Grau 2, 07159 Sant Elm, ☏ 971 239 202, 💻 esmoli.cat/de, nur in der Saison, 13:00 bis 16:00 und 18:30 bis 22:30, Mo Ruhetag) laufen Sie die Avinguda la Trapa hinauf, dabei passieren Sie gleich am Anfang einen Spielplatz/Sportplatz mit Windrad. Der Fahrweg führt zum Ort hinaus, wird zum Schotterweg und heißt nun Camí Can Tomeví. Am Stromhäuschen gehen Sie geradeaus 🌐 und erreichen hinter der Ruine des **Can Tomeví** 🌐 eine Kreuzung.

Hier kreuzt später der Rückweg von rechts nach links, nun aber laufen Sie erst einmal geradeaus Richtung La Trapa und erreichen nach etwa 150 m erneut eine Kreuzung. Halb links führt der Weg zu einem 🌐 Geocache an der Ruine der Mühle Moli de San Telmo und zur Cala en Basset.

Nach La Trapa laufen Sie halb rechts, passieren zwei Betonpfähle und gehen 10 m dahinter links bergauf. Ein schmaler werdender Weg führt gut erkennbar durch den Wald und bietet manch einen kleinen Blick auf die vorgelagerte Insel

La Dragonera. Hier irgendwo beginnt das Naturschutzgebiet La Trapa, in dem Hunde angeleint werden müssen.

An Regentagen wirkt Dragonera wie ein versteinerter Drachenrücken.

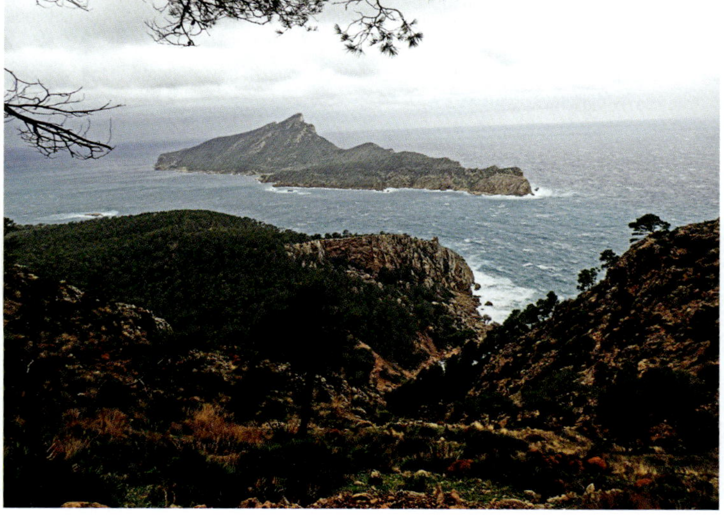

Eine mit Seil abgesicherte Felspassage und einige Stellen, an denen Sie beim Aufstieg vielleicht die Hände zur Hilfe nehmen müssen, schließen sich an. Oben angekommen können Sie an einer Infotafel einen ersten prächtigen Blick in das Hochtal mit der Klosterruine werfen.

Sie wandern bergab zur Ruine und steigen dabei über eine Zaunleiter mit einem liebevoll konstruierten Durchlass für mitwandernde Hunde (bis etwa zur Größe von Schäferhunden/Retrievern). Sie gelangen zur Klostereinfahrt, der Sie zunächst bergab zur Ruine des Trappistenklosters **La Trapa** folgen. Die französischen Trappisten hatten nach der Französischen Revolution ihre Klöster verloren und suchten nun auf Mallorca ihr Glück. Dies ging leider nur zehn Jahre gut. Unter Königin Isabella II. von Spanien wurden 1835 auch die spanischen Kirchen und Klöster säkularisiert. Seither steht das Gebäude leer, es wird aber seit einigen Jahren vom mallorquinischen Umweltschutzverband GOB renoviert. Wenn genügend Spenden fließen, soll hier ein neues Refugi entstehen.

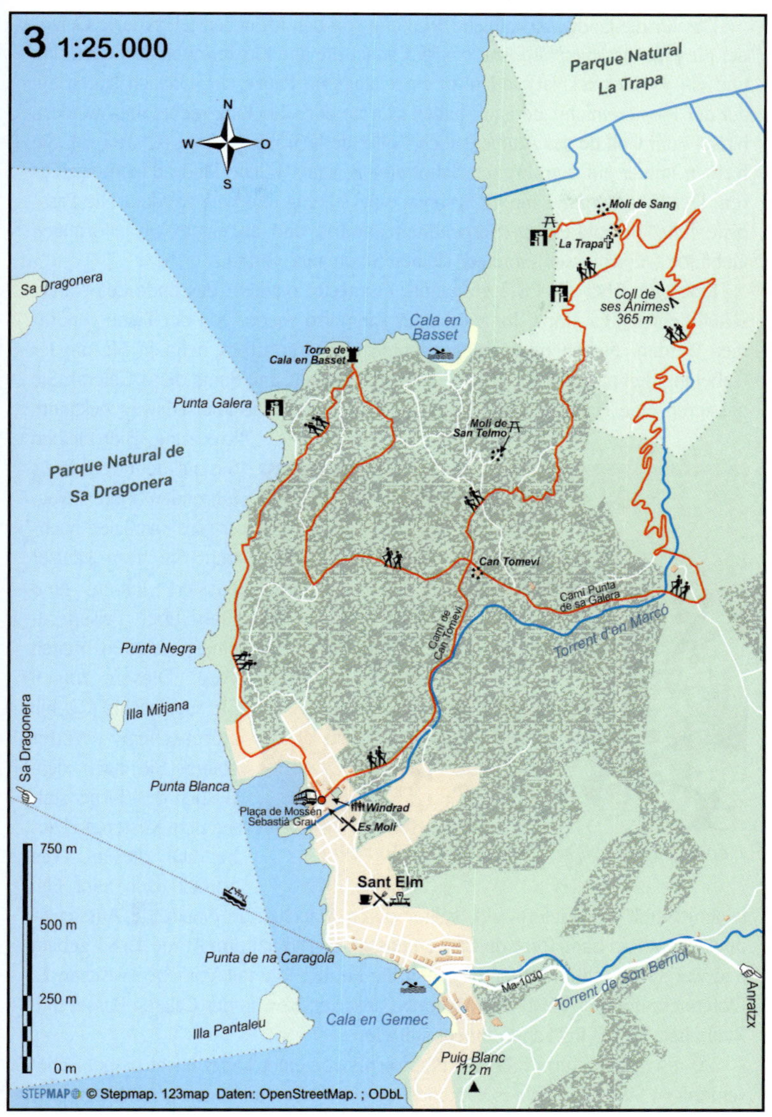
3 1:25.000
N
W
O
S
Parque Natural
La Trapa
Molí de Sang
La Trapa
Coll de
ses Ànimes
365 m
Sa Dragonera
Cala en
Basset
Torre de
Cala en Basset
Punta Galera
Molí de
San Telmo
Parque Natural de
Sa Dragonera
Can Tomeví
Camí Punta
de sa Galera
Camí de
Can Tomeví
Torrent d'en Marcó
Punta Negra
Illa Mitjana
Sa Dragonera
Punta Blanca
Plaça de Mossèn
Sebastià Grau
Windrad
Es Molí
750 m
Sant Elm
500 m
Punta de na Caragola
250 m
Ma-1030
Torrent de Son Berriol
Andratx
Illa Pantaleu
Cala en Gemec
0 m
Puig Blanc
112 m
STEPMAP © Stepmap. 123map Daten: OpenStreetMap. ; ODbL

Das für die landwirtschaftliche Nutzung von den Mönchen terrassierte Gelände, die Aussichtsplattform, ein Cache, die alte Klostermühle Moli de Sang und ein Picknickplatz laden zu einer längeren Pause ein. Danach laufen Sie auf der Klostereinfahrt bergauf, halten sich an der Gabelung rechts und wandern hinauf zum **Coll de ses Animes**, auch Collet de la Trapa genannt (⇧ 365 m). Sie bleiben immer auf dem breiten Schotterweg, egal, welche Pfade davon wegführen. Der Weg bergab kann im Sommer sehr staubig und heiß werden. Die Passpiste führt in zahlreichen Serpentinen abwärts und an einem würfelförmigen Gebäude (verschlossen) an einer kleinen Staumauer vorbei.

Eine quer über die Piste gespannte Eisenkette markiert das Ende des Naturschutzgebietes La Trapa, Ihr Vierbeiner kann also wieder von der Leine genommen werden. Neben einem eingezäunten Hausgrundstück nehmen Sie an der Gabelung den nach rechts führenden Schotterweg (Camí Punta de sa Galera). Sie passieren eine Finca und erreichen am **Can Tomeví** die vom Hinweg bekannte Kreuzung. Hier bleiben Sie auf dem geradeaus führenden breiten Weg, er wird schmaler, nachdem Sie zwei Häuser passiert haben, und führt über Felsen zu einem weiteren breiten Weg. Diesem folgen Sie nach rechts (☺ bei stürmischem Wetter sollten Sie nach dem Besuch des Turms statt auf dem Küstenpfad lieber auf diesem Weg zurück nach Sant Elm laufen) durch den Kiefernwald, später durch Macchia, an einem Aussichtspunkt vorbei zum **Torre de Cala en Basset**. Der Wachturm wurde 1583 gebaut und war sehr wichtig im Kampf gegen die Piraten, die mit Vorliebe zwischen La Dragonera und der Westküste Mallorcas ankerten bzw. in der Cala en Basset ihre Raubzüge bis tief ins Landesinnere starteten.

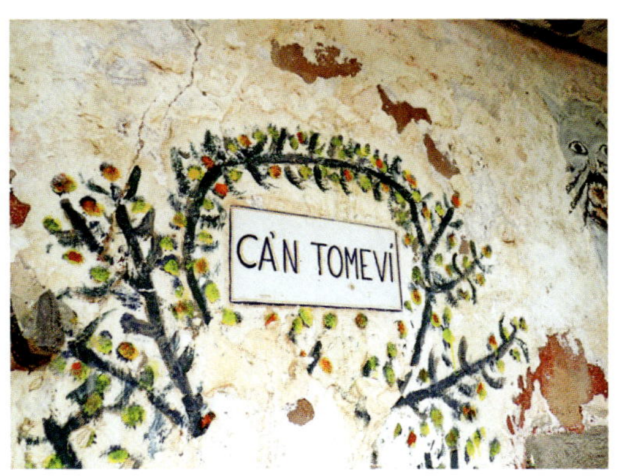

Liebevolles Detail an der Ruine Can Tomeví

20 m vor dem Turm führt ein Pfad rechts von einer Kiefer leicht bergab. Diesem folgen Sie unterhalb des breiten Wegs von vorhin auf einem verzweigten Pfad

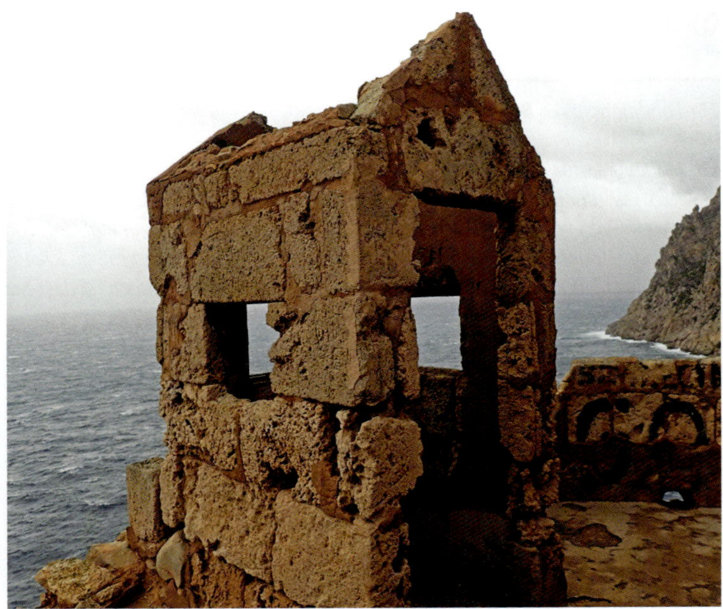

Am Torre de Cala Basset

hinab in Richtung des Aussichtsfelsens **Punta Galera**. Wenn Sie diesen nicht für ein Sonnenbad oder einen Fotostopp aufsuchen wollen, halten Sie sich oberhalb des Felsens an den mit Steinmännchen markierten Pfad. Der Kieferwald bietet herrlich weichen und federnden Boden, auf dem es sich angenehm wandern lässt.

Eine scheinbare Barriere im felsigen Steilhang stellt sich bei Annäherung als gangbar heraus. Eine gestufte Felsrinne führt hindurch. Trittsicherheit und Schwindelfreiheit sind aber vonnöten. Bei starkem Wind mit Böen ist dieser Abschnitt lebensgefährlich. Der Pfad mündet in einen breiten Küstenweg, diesem folgen Sie nach links und haben oberhalb der Punta Negra einen Blick auf die große Insel Dragonera und das Mini-Inselchen **Illa Mitjana**. Am Beginn der Wohnbebauung folgen Sie der nach rechts führenden Straße an den Apartmenthäusern entlang. An der T-Kreuzung gehen Sie links die Carrer de Sa Punta Blanca hinab und nehmen die erste Straße rechts (Avinguda S. Algar). Sie bringt Sie zurück zum Startpunkt.

❹ Puig de Galatzó, das Matterhorn Mallorcas

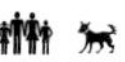

Für konditionsstarke Bergwanderer

Ein Höhepunkt für die meisten Mallorcawanderer ist die Besteigung des Puig de Galatzó. Aus der Ferne erinnert er an eine Pyramide und wird deshalb oft mit dem Matterhorn verglichen. Eine schöne Tagestour ergibt sich aus dem Aufstieg von Westen durch unbewaldete Hänge und dem Abstieg durch einen großen schattigen Steineichenwald. Der eigentliche Gipfelsturm erfolgt von Norden, sodass Sie im Winter erst auf dem Gipfel in die Sonne kommen. Im Rest des Jahres steht die Sonne schon am späten Vormittag hoch genug, um Sie beim scharfen Anstieg hinter dem Pas de na Sabatera und bei den Kletterpassagen ins Schwitzen zu bringen.

- Start/Ziel: an der Ma-10 bei km 97, GPS N 39°38.774' E 002°27.734'
- 11,2 km
- 5 Std.
- 796 m/796 m
- 292-1.027 m
- vereinzelte Wegweiser, Steinmännchen und Farbpunkte, keine durchgängigen Markierungen
- Rucksackverpflegung
- ein Rastplatz (km 1,0 bzw. km 10,2), eine improvisierte Bank gut 1,2 km vor/hinter dem Gipfel
- GCB762 Tresor (schon 2002 gelegt!), Tradi; GCWE63 Traumhaft, Tradi mit Hilfsstationen
- Nur für absolut trittsichere und schwindelfreie größere Kinder geeignet. Das Gipfelerlebnis nach dem letzten Steilstück bringt allerdings fast jedes Kind zum Jubeln.
- Diese schwierige Bergtour ist nicht buggytauglich.
- Wegen der vereinzelten Kletterpassagen ist die Strecke für Hunde schwierig, ich habe aber auf dem Gipfel zwei kleinere Terrier mit ihren jeweiligen Herrchen getroffen. Bitte Wasser mitnehmen.
- Parkmöglichkeit am Straßenrand
- keine Busverbindung zum Startpunkt
- Für Eilige: Die Standardroute zum Gipfel von Sa Font des Pi ist hin und zurück nur knapp 5 km lang und umfasst 500 Höhenmeter im Auf- und Abstieg.

Der Gipfelbereich ist oft nebelig. Das Karstplateau birgt Löcher und Spalten, in denen sich übermütige Kinder/Hunde verletzen können, wenn sie den Weg verlassen.

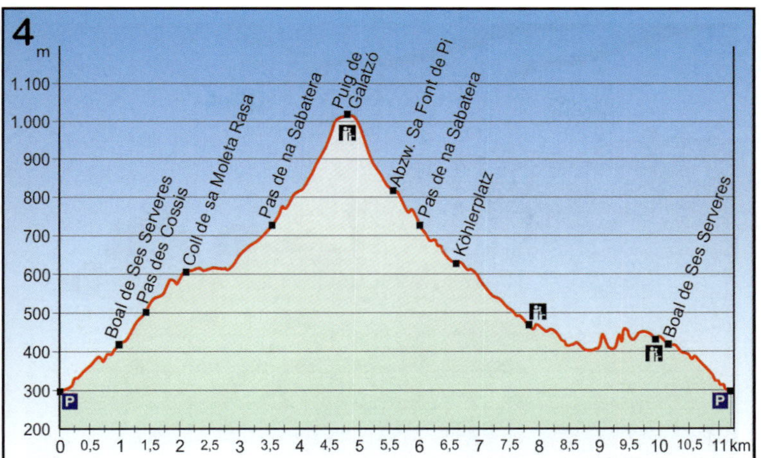

An der Infotafel gegenüber vom Kilometerstein 97 folgen Sie dem GR 221 auf einem breiten Schotterweg für etwa 700 m bergauf durch den Steineichenwald. An der T-Kreuzung verlassen Sie den GR nach links und erreichen nach gut 300 m den Picknickplatz **Boal de Ses Serveres** mit mehreren Grillstellen. Hier kommt von links später der Rückweg, nun aber führt der Weg zum Gipfel erst einmal rechts auf einem Pfad steiler bergauf.

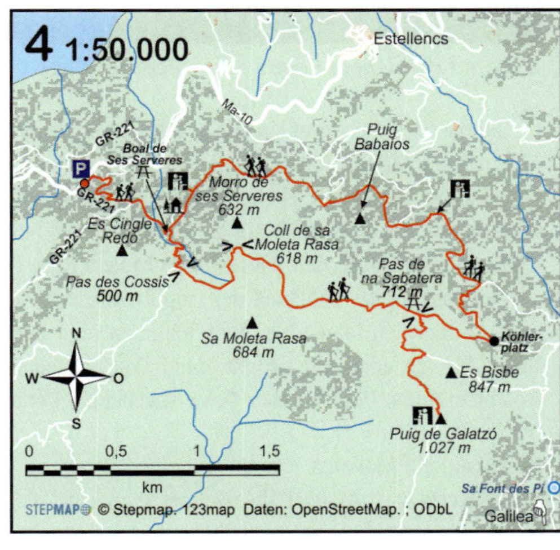

An einem Wegweiser haben Sie den Pas des Cassis (⇧ 500 m) erreicht, halten sich links (🌐 rechts, ➲ 70 m entfernt) und laufen auf dem moderat ansteigenden Bergpfad aus dem Wald heraus.

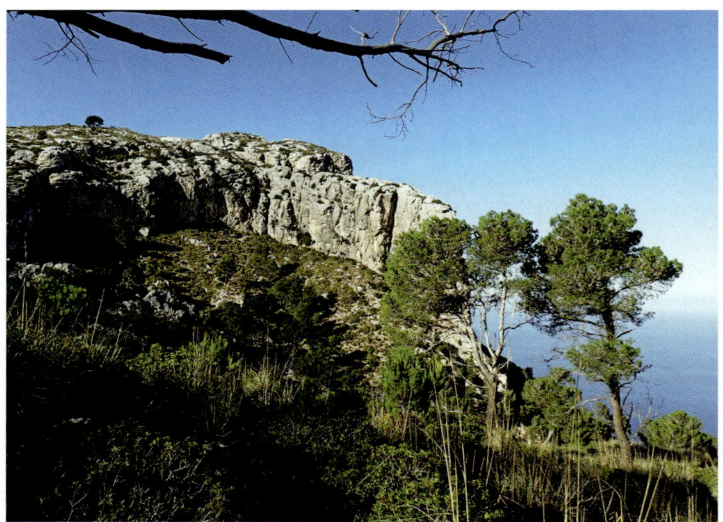

Blick auf den Cingle Redó und zurück zur Küste

Sie passieren einen in Karten als **Es Cisternó** eingezeichneten Brunnen unterhalb des Sa Moleta Rasa (⇧ 684 m), auf dem Brunnenrand lässt es sich gut rasten. Beim Blick zurück sehen Sie den markanten Felsen Cingle Redó. Der Weg schwenkt nun nach Norden auf den Morro de ses Serveres (⇧ 632 m) zu. Nach 250 m erreichen Sie den Pass **Coll de Moleta Rasa** (⇧ 618 m).

Dort halten Sie rechts auf den nun ins Blickfeld kommenden Puig de Galatzó zu. Auf dem nun folgenden, zum Teil eben oder bergab verlaufenden Wegstück laufen Sie auf einer Hochebene durch Macchia mit hohem Büschelgras (Diss). Holzpfosten mit Pfeilen lassen keine Zweifel am Verlauf des Weges aufkommen.

Buschland auf Mallorca

Als **Macchia** (sp. Maquia) bezeichnet man eine dicht wachsende, immergrüne Gebüschlandschaft im Mittelmeerraum. Sie entsteht in unbewaldeten Regionen mit Sommerdürre und ergiebigem Winterregen ohne Nachtfröste. Hier dominieren Dissgras und Büsche wie Zistrosen, Wacholder, Steinlinden, Stechpalmen-Kreuzdorn, Mastix und Baumheide. In der Macchie wachsen nur vereinzelte Steineichen, Olivenbäume, Erdbeerbäume oder Johannisbrotbäume, meist aber wegen des Windes eher kleinwüchsige Exemplare. Mit **Garriga** (im Deutschen Garrigue) bezeichnen die Spanier eine locker stehende Macchia mit niedrigerer Wuchsform. Als Nichtbotanikerin kann ich dies nicht eindeutig differenzieren, sicherlich verzeihen Sie mir, wenn ich von Macchia schreibe, egal wie nah die Pflanzen beieinander stehen.

Etwa 1,5 km hinter dem Coll de Moleta Rasa erreichen Sie direkt hinter dem Felsdurchlass des **Pas de na Sabatera** (⇧ 712 m) eine improvisierte ⩩ Sitzbank unter einem Felsdach. Hierher kommen Sie beim Abstieg zurück. Nun steigen Sie aber erst einmal rechts auf. Nach etwa 30 Min. erreichen Sie einen alten Betonsockel und einen Wegweiser. Hier kommt die Standardroute vom Font de la Pi herauf. Die ersten 100 m hinter dem Pass sind eine steile Angelegenheit, bei der Sie vielleicht schon an dem einen oder anderen Felsen die Hände zur Hilfe nehmen müssen. Steinmännchen und rote Punkte zeigen den Weg an. Danach wird der Weg wieder etwas flacher und Sie haben nach rechts einen schönen Blick hinab zum Aufstiegsweg. Hinter einer steilen Engstelle erreichen Sie ein kleines Plateau. Nun ist es fast geschafft. An der letzten Felswand vor dem Ziel ist ein Aufstieg zum Gipfel rechts und links gleichermaßen möglich. Ich schlage die rechte Route vor und zitiere das Argument eines schottischen Wanderers, den ich dort traf: „Auf dieser Route fällt man bei einem Fehltritt nicht so tief."

Oben auf dem **Puig de Galatzó** (⇧ 1.027 m) 🌐 angelangt werden Sie das 360°-Panorama über die gesamte Insel genießen. Winterwanderer werden die warme Sonne zu schätzen wissen, die ihnen beim Aufstieg durch den Schatten des Gipfels verwehrt blieb.

Der Erfolg muss dokumentiert werden.

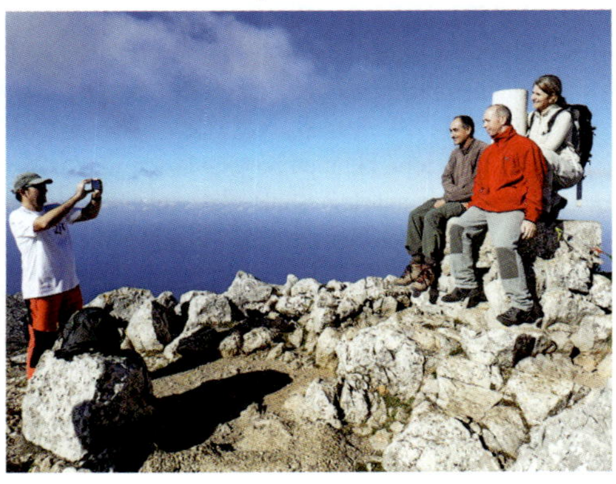

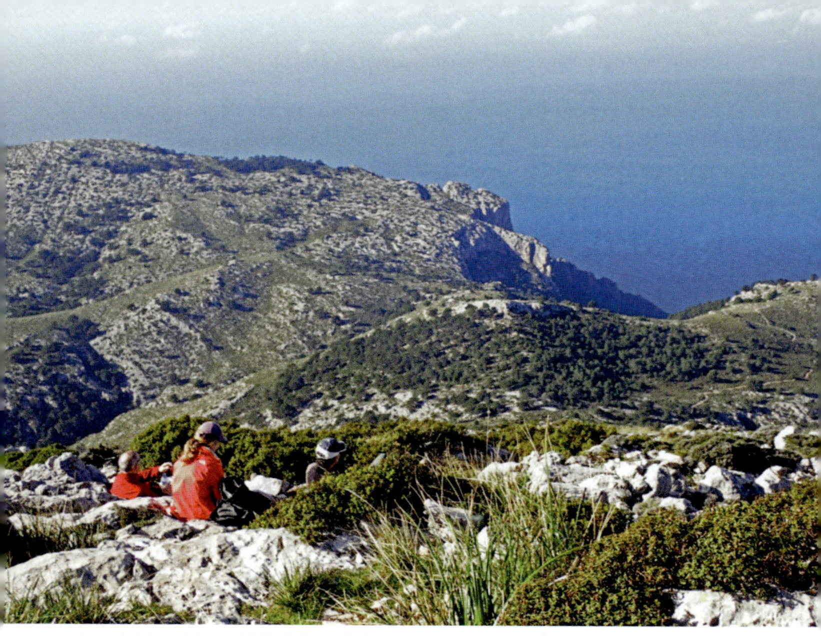

Aussichtsreiches Picknick auf dem Puig de Galatzó

Der Abstieg führt Sie zum betonierten Sockel und links zur überdachten Bank. Von dort wandern Sie nun rechts bergab durch den Steineichenwald. Vor einem **Köhlerplatz** nehmen Sie den nach links führenden Weg Richtung Boal de ses Serveres und Font de Dalt. Sie wandern nun in Bögen bergab zu einer Kreuzung und gehen dort links auf einen Waldweg. Sie passieren die Reste eines Kalkofens, nach etwa 180 m folgen Sie dem Weg geradeaus. (Nach rechts zweigen einige Pfade zu Aussichtspunkten ab, an denen Sie das Örtchen Estellencs und die Küste sehen können.)

An der Gabelung nehmen Sie den linken Weg und gehen hinter den Felsen an der Wegkreuzung mit dem Köhlerplatz links bergauf. Sie passieren einen Aussichtspunkt und erreichen etwa 250 m hinter dem Zuweg zu einer Berghütte (verschlossen) den **Picknickplatz** vom Hinweg. Nun müssen Sie nur noch rechts den Schotterweg hinab zur T-Kreuzung laufen und dort dem GR 221 hinab zum Startpunkt folgen.

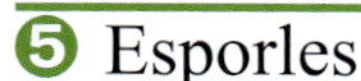

❺ Esporles

Für einen der ersten Wandertage

Diese Runde ist gut geeignet, um sich zu Beginn des Urlaubs einzulaufen. Sie ist kurz und kurzweilig zugleich, sie steigert sich bei der Bodenbeschaffenheit: Der erste Kilometer verläuft am Straßenrand, es folgt ein breiter Karrenweg hinauf zur Einsiedelei, zurück zum Startpunkt wandern Sie auf einem schmalen Pfad. Sonnenbrand ist nur zu Beginn zu befürchten, der überwiegende Teil der Tour verläuft schattig im Wald.

- Start/Ziel: an der Àrea Recreativa Son Tries westlich von Esporles an der Straße Carrer Costa de Son Tries, GPS N 39°39.740' E 002°34.517'
- 5,3 km
- 2 Std.
- 287 m/287 m
- 289-581 m
- keine Markierungen, nur ein Wegweiser
- Rucksackverpflegung, nächste Einkehrmöglichkeiten in Esporles
- Einkaufsmöglichkeiten in Esporles
- Rastplatz 100 m vor dem Ziel (km 5,2), weitere Gelegenheiten für eine Rast an der Ermità (km 2,6) und an der Jesusfigur (km 3,5)
- GC5QJTC Geduld am heißen Loch :-), Multi; GC5J5EM Maristella, Tradi; GC5J32C Gonzalo, Rätsel-Cache
- Nur 100 m vom Start/Ziel befindet sich ein Spielplatz, unterwegs sind mehrere Geocaches versteckt. Schafft ihr es, an der Ermità aus dem Brunnen Wasser zu fördern?
- Wenn Sie Ihren Buggy beim Verlassen der Straße über das Tor heben, ist eine Fahrt auf dem zum Teil holprigen Untergrund bis zum Jesus möglich, der dort beginnende Pfad ist zu steil und uneben für eine Weiterfahrt.
- Schattige Hunderunde, nur der erste Kilometer auf der Straße ist an der Leine sicherer. Wasser gibt es an der Ermità.
- P Parkplatz direkt am Startpunkt
- Bushaltestelle Esporles, C/Juan Riutort 72, Linie L200 von Palma (alle 1-2 Std.), von dort noch gut 1 km zu Fuß zum Startpunkt

Verlassen Sie den **P** Parkplatz und folgen Sie der Straße etwa 950 m nach rechts bis zum **Coll de s'Heura** (⇧ 322 m). Dort gehen Sie auf der rechten Straßenseite durch das Törchen, das Wanderer etwas ausbremst, die mit einem Buggy, einem üppigen Rucksack oder breiten Hüften unterwegs sind. Sie laufen zwischen Obstgärten und Wirtschaftsgebäuden der Finca **Son Ferrà** bergauf zu einem zweiten – breiteren – Törchen. Dahinter folgen Sie dem geschotterten Karrenweg durch einige Kurven bergauf, die steilsten Abschnitte sind betoniert. Im Herbst reifen hier köstliche Baumerdbeeren.

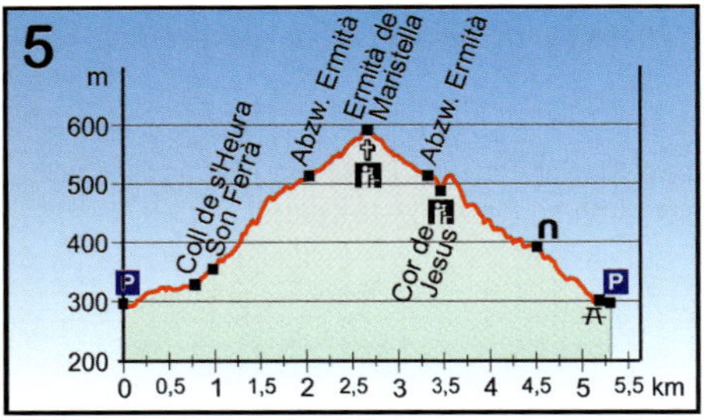

Nach etwa 1,5 km kommen Sie an eine T-Kreuzung mit Wegweisern, an der es rechts zum Cor de Jesus geht. Das ist später der Rückweg. Zunächst folgen Sie dem Weg nach links zu

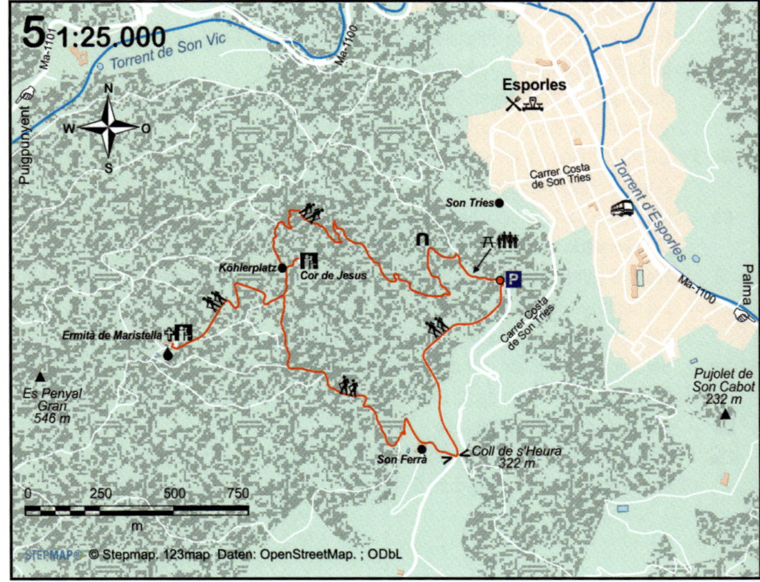

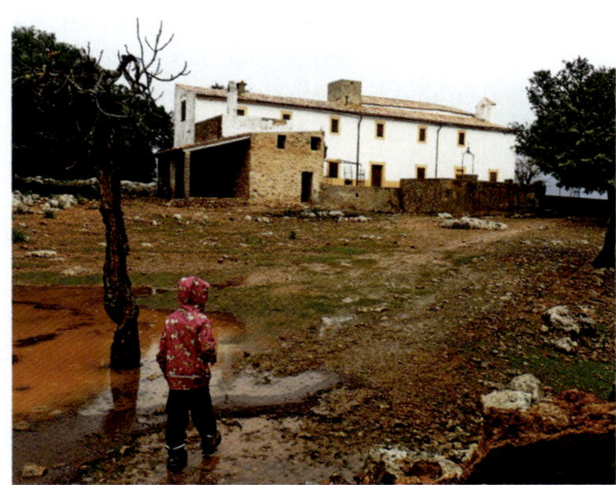
Ermità de Maristella an einem Regentag

einem Plateau mit der ✝ **Ermità de Maristella** ⛰ 🌐. Der Name soll aus der Bezeichnung „Mar y stellas" (Meer und Sterne) entstanden sein. Die Einsiedelei wurde 1890 eingeweiht, 1945 erfolgten umfangreiche Erweiterungen, denn inzwischen war aus der Einsiedelei ein Karmeliterkloster geworden. Heute ist es verlassen und wird von der Pfarrei in Esporles verwaltet. Einige Dorfbewohner erzählen, die Ermità sei ein verfluchter Ort. Einige Mönche seien mit unerklärlichen Kopfverletzungen tot aufgefunden worden. Ein Hausverwalterpaar sei auf mysteriöse Weise zu Tode gekommen. Die letzten bekannten Opfer sollen vier zum Transport von Baumaterial eingesetzte Esel gewesen sein. Zurück zu den Fakten. Ungewöhnlich, aber nicht unheimlich ist der 💧 Brunnen vor der Ermità: Das Wasser wird mit einem Rad gefördert.

Sie wandern nun zurück zum Wegweiser und dort dieses Mal geradeaus Richtung **Cor de Jesus**. Halten Sie sich an dem Köhlerplatz rechts, um die Jesusstatue anzusehen. Von dort ergibt sich ein schöner ⛰ Blick nach Esporles und bis zur Südküste Mallorcas. Die 1940 errichtete Statue heißt offiziell Sagrada Corazón de Jesús.

Sie gehen kurz zurück bis zum Köhlerplatz und steigen dort rechts auf dem steilen Pfad hinab. An einer ebenen Stelle mit einer Steinpyramide folgen Sie dem kaum auszumachenden Pfad nach rechts. Vor dem Steinkreis eines weiteren Köhlerplatzes unterhalb einer Felswand biegen Sie links ab. Die schmalen und gewundenen Pfade, der dichte Steineichen- und Erdbeerbaumbewuchs und die Stille des Waldes vermitteln das Gefühl, in einem verwunschenen Märchenwald unterwegs zu sein. Am nächsten Köhlerplatz laufen Sie links zu einem Felsen mit Aussicht, dort scharf rechts bis zu einer Mauer. Nun wandern Sie mit einigen weiteren schönen Talblicken im Hang nach rechts. Sie passieren eine kleine **Höhle**, die allerdings bei Regen keinen Schutz bietet, weil es überall von der Decke tropft.

Kurz darauf führt der Pfad aus dem Wald heraus, nach zwei Spitzkehren durch hohes Büschelgras mit vereinzelten Kiefern. Hinter einer Mauerlücke wird der Weg breiter, er führt links von der Mauer weg und passiert hinter einer Lichtung eine lustig gewachsene Kiefer 👪.

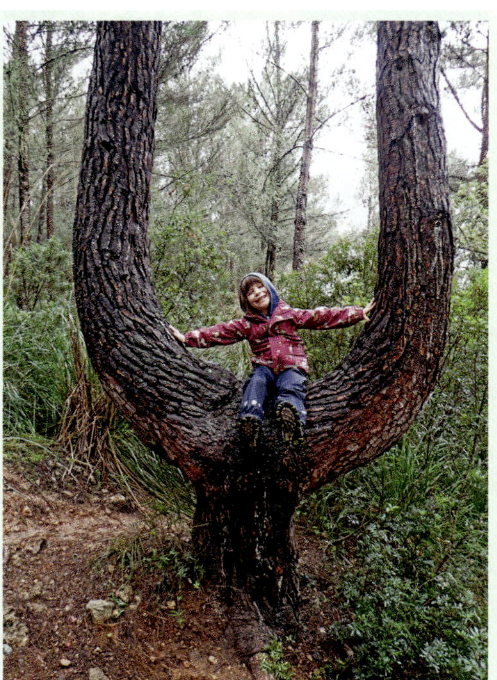

Aurelias Pausenbaum kurz vor dem Ziel

Kiefern & Co.

Die meisten Nadelbäume, die man auf Mallorca finden kann, sind **Kiefern**, genauer gesagt **Aleppo-Kiefern**. Vereinzelt wachsen auf der Insel auch See-Kiefern, Pinien und andere Kiefernarten. Wenn Ihnen jemand erklären will, dass es sich um **Pinien** handelt, schauen Sie sich die Zapfen genauer an: Pinienzapfen sind 10-15 cm groß, sehr hart und tragen essbare Pinienkerne. Die Zapfen von Aleppo-Kiefern sind mit bis zu 10 cm etwas kleiner, weicher und leichter. Sie erinnern eher an die in Deutschland allerorts zu findenden Waldkiefernzapfen. Föhre ist übrigens nur ein anderer Name für den Oberbegriff all dieser Bäume: Kiefer!

Sie erreichen den **Waldrastplatz** mit Picknicktischen, Grillstellen, WC und 👪 Spielplatz. Nur etwa 100 m dahinter liegt der **P** Parkplatz, an dem Sie gestartet sind.

6 Die Reitwege des Erzherzogs bei Valldemossa

Für Freunde von Panoramablicken

Auf einem steilen Schotterweg führt diese Tour im Cairats-Tal zu einer Hochebene. An deren Nordrand verläuft ein von Erzherzog Ludwig Salvator angelegter Reitweg auf dem Kamm, mit fantastischen Ausblicken auf die Küste bei Deià. Zurück führt der Rundweg auf dem Camí des ses Fontanelles an mehreren Aussichtspunkten vorbei wieder ins Tal. Kammweg und Plateau sind der Sonne ausgesetzt, Auf- und Abstiegswege führen durch den Wald.

Start/Ziel: an der Touristeninformation im Kulturzentrum Costa Nord an der Ma-1110, GPS N 39°42.687' E 002°37.321'

11 km

4 Std.

538 m/538 m

407-938 m

vereinzelte Wegweiser und Markierungspunkte

Pastelería Can Molinas und zahlreiche andere gute Restaurants und Cafés in Valldemossa

Einkaufsmöglichkeiten im Ort

Sitzbänke an einigen Aussichtspunkten, ein Rastplatz (km 3,6). Das Refugi (km 4,3) bietet Sitzgelegenheit und etwas Witterungsschutz.

GC54PHN Fins Aqui, Rätsel-Cache; GC2E68Q Puig Gros – Palma from above, Tradi

Konditionsstarke und trittsichere Kinder können diese Tour ohne besondere Gefahren laufen. Am Start/Ziel gibt es einen Kinderspielplatz.

Mit dem Buggy kommen Sie nur bis zum Beginn des Naturschutzgebietes, dort muss ein verschlossenes Tor auf einer Leiter umgangen werden. Dahinter geht es steil und steinig bis zum Refugi, es folgen zum Teil schmale Bergpfade.

Im Ort und im Naturpark müssen Hunde an der Leine geführt werden, der mittlere Teil ist steil, steinig und schattenlos. Bitte Wasser mitnehmen, am Weg liegt nur eine Tröpfelquelle.

P gebührenpflichtige große Parkplätze neben der Ma-1110, gebührenfreie einzelne Stellmöglichkeiten im Bereich des Herrenhauses Son Gual

Bushaltestelle Valldemossa, Linie L210 von Port de Sóller und Platja de Palma (etwa stündlich)

☺ Eine Verlängerung der Tour über den Puig Caragoli (⇧ 945 m) ist möglich, wenn Sie auf der Pla de ses Aritges rechts weiter auf dem Reitweg (= GR 221) bleiben, an der nächsten großen Steinpyramide den nun nach Deià führenden GR 221 nach links verlassen und an der Cova de s'Ermità Guiem wieder links gehen. Die Strecke ist etwa 1,7 km länger. Sollten Sie den Weg noch weiter nach Westen verlängern wollen, benötigen Sie eine Zutrittsgenehmigung. Pro Tag wird aus Erwägungen des Naturschutzes nur eine begrenze Anzahl von Wanderern in diesen Bereich gelassen. Genehmigungen können unter ☏ 619 591 985 oder info@muntanyadelvoltor.com beantragt werden.

Auch bei ansonsten gutem Wetter muss in den Kammlagen oft mit einfallendem Nebel gerechnet werden.

Auf der Ma-1110 laufen Sie von der InfoVall (Av. Palma 7, ☏ 971 612 019, Mo bis Fr 9:00 bis 13:30 und 15:00 bis 17:00, Sa 10:00 bis 13:00) Richtung Palma an einem Parkplatz und einem Spielplatz entlang. Sie

Aufstieg in Valldemossa

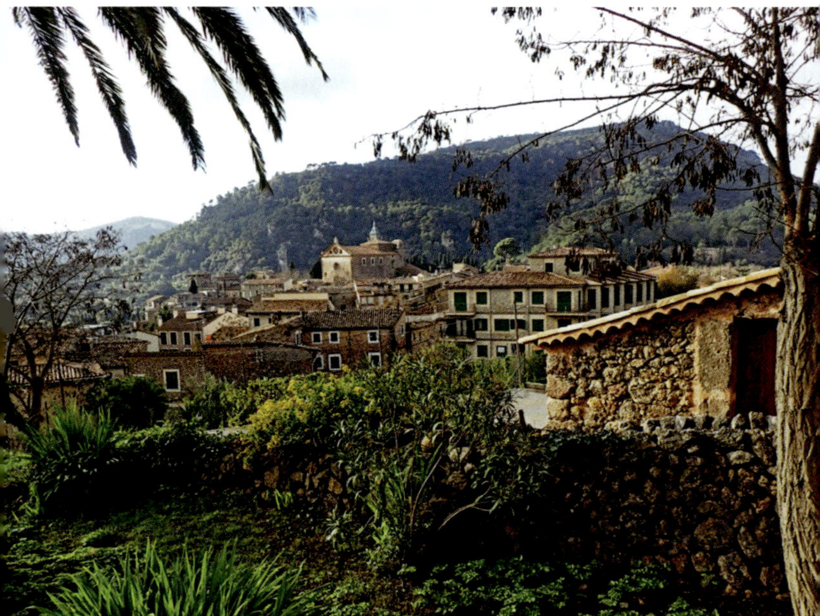

nehmen die erste Straße links (Carrer de na mas), dann gehen Sie rechts in die Carrer de **Son Gual** und passieren das gleichnamige Herrenhaus. An den Laternen sehen Sie weiß-rote Markierungen, an denen Sie erkennen, dass Sie auf dem GR 221 unterwegs sind.

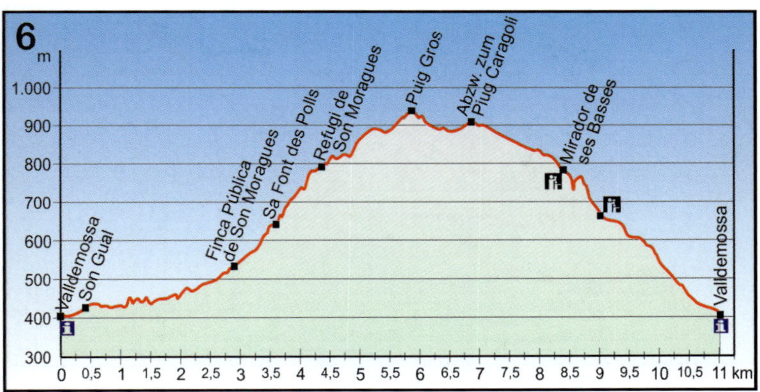

An der ersten Gabelung verlassen Sie die Straße und folgen dem Schotterweg durch ein rostiges Tor. Nach etwa 200 m gehen Sie durch ein Metalltörchen neben einem großen Tor. Sie ignorieren eine Feldzufahrt links und halten sich erst an der darauffolgenden Gabelung links auf dem ebeneren Weg. Sie passieren einen **Wasserspeicher** und nehmen den Durchlass neben dem Tor mit Viehgitter im Boden. Dahinter gehen Sie links bergauf. Im Winter ist der Weg mitunter gleichzeitig ein Bachlauf. Er führt neben dem **Torrent de s'Avall** an einer Ruine vorbei im Cairats-Tal leicht bergauf. An der Steinmauer laufen Sie geradeaus weiter ins Tal herein. Sie wandern nun durch zwei Haarnadelkurven bergauf, die zweite kann auf einem Trampelpfad abgekürzt werden.

Hinter einer Treppe neben einem verschlossenen Tor beginnt der Naturpark der **Finca Pública de Son Moragues** ⩩. Hier ist der Startpunkt von drei ausgewiesenen Routen. Alle führen zunächst den steiler werdenden Weg hinauf, Sie passieren dabei mehrere Kalköfen und Köhlerplätze. Am ⩩ Rastplatz **Sa Font des Polls** finden Sie neben einigen Picknicktischen auch eine Quellfassung, aus der das Wasser allerdings nur tröpfelt. ☝ Der dort abzweigende Weg Richtung Serra des Cairats führt u. a. hinauf zum Puig de Teix. Dieser ist aber in Privatbesitz und wird zur Jagd auf wilde Bergziegen genutzt. Der Zutritt ist verboten und ein

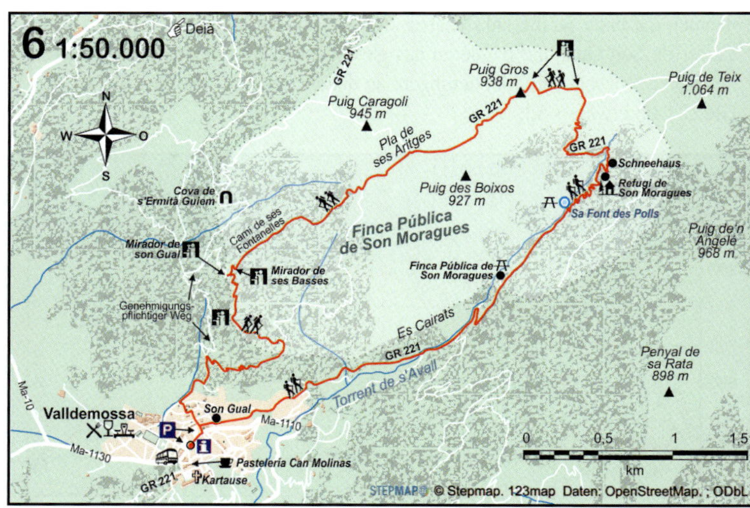

Wächter schickt Wanderer in rauem Ton zurück. So sehr der Gipfel und der Cache Sie auch locken, ich kann Ihnen nicht zu diesem Umweg raten.

Bleiben Sie auf dem nach links führenden breiteren Weg hinauf zum **Refugi de Son Moragues** (verschlossen) mit WC (manchmal offen). Hier finden Sie bei üblem Wetter in einem steinernen Anbau mit Feuerstelle ein wenig Witterungsschutz und eine Sitzgelegenheit. Einige Schritte weiter passieren Sie die Ruine eines **Schneehauses**.

Casa de Neu

Schneehäuser (Cases de Neu) waren vor Einführung elektrischer Kühl- und Gefrierschränke eine praktische Einrichtung, um auch im Sommer die Krankenhäuser, Lebensmittelhersteller, Fischhändler, Gastronomen und reiche Privatleute in Palma und den Küstenorten mit Eis zu versorgen. Schon für das Jahr 1564 sind 42 Schneehäuser urkundlich belegt, vorwiegend in den Höhenlagen über 1.000 m beim Gipfel Puig de Massanella, aber auch am Puig Major, Puig de Teix und Puig Tomir. Die bis zu 16 m langen und bis zu 8 m breiten Bauwerke wurden mit unverputztem Trockenmauerwerk bis zu 6 m in die Erde gebaut. Sie ragten oft nicht einmal einen Meter aus dem Boden heraus und waren mit Binsen, Schilf oder Ziegeln abgedeckt. Bei Schneefall traten die Schneewächter (Nevaters) in

Aktion und sammelten den Schnee in den Gruben. Gut verdichtet und abgedeckt hielt sich der gesammelte Schnee als Eis bis weit in den Sommer hinein. Die Pfade, auf denen im Sommer das Eis von Mauleseln ins Tal gebracht wurde, werden heute vorwiegend als Wanderwege genutzt.

Schneehaus beim Refugi de Son Moragues

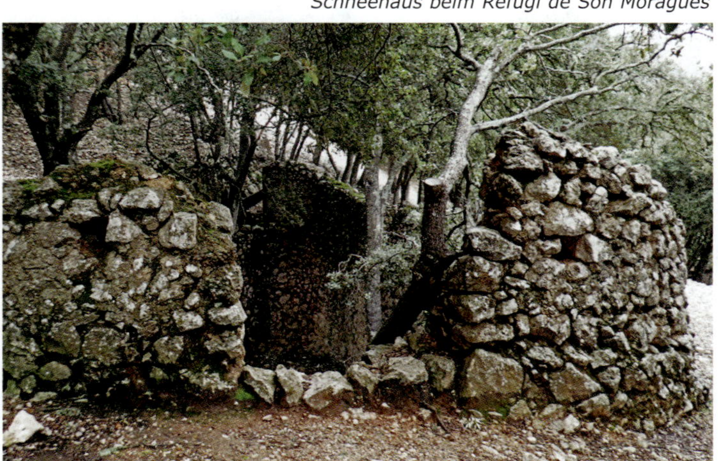

Der Weg wird nun flacher und schmaler, er führt weiter oben aus dem Steineichenwald hinaus. Hier ist zu jeder Jahreszeit mit Nebelfall zu rechnen, selbst wenn in der Wetterprognose im Inselradio nur von „Deko-Wölkchen" die Rede ist.

An einer Steinpyramide kommt von rechts der gesperrte Pfad vom **Puig de Teix** (⇧ 1.064 m) herab. Sie gehen weiter geradeaus und auf dem Plateau im Zickzack auf den alten Reitwegen des Erzherzogs bergauf. Sie kommen an mehreren Aussichtspunkten mit fantastischen Blicken zur Küste bei Deià vorbei, bevor Sie den Gipfel des **Puig Gros** (⇧ 938 m) erreichen, ganz unspektakulär und ohne die sonst auf Mallorca oft nötige Kletteraktion.

Beim Abstieg laufen Sie auf einem Reitweg auf oder etwas unterhalb des Grats hinab zum Plateau **Pla de ses Aritges**, wo wieder die ersten Bäume wachsen, nun aber keine Steineichen, sondern Kiefern. In der Macchia halten Sie geradeaus auf die Baumgruppe mit der Steinpyramide zu. Dort laufen Sie auf dem Camí de ses Fontanelles links auf dem Plateau leicht bergab in den Steineichenwald zurück. Sie passieren ein Schild mit dem Text „Abeurador de ses Fontanelles". Übersetzt heißt das „Trog vom Brunnen", zu sehen ist nichts. Wer neugierig genug ist, findet einige Meter unterhalb des Schildes einen alten Trog, der als Tränke für die Maulesel diente, die auf diesem Weg das Eis aus den Schneehäusern des Teix ins Tal brachten.

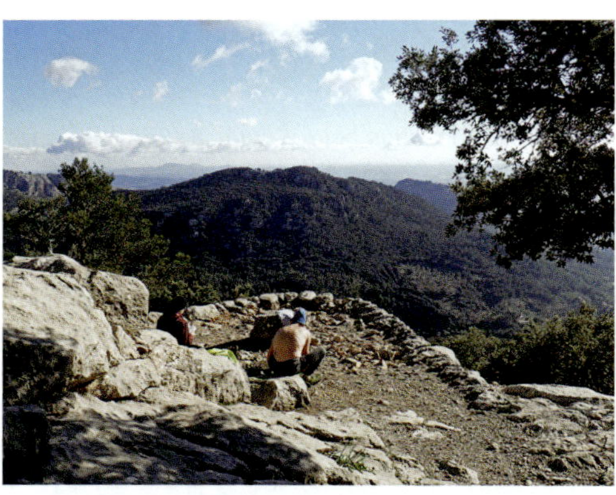

Am Mirador de ses Basses

Am Mirador de ses Basses haben Sie einen schönen Ausblick zur Küste bei Valldemossa. Nach knapp 100 m folgen Sie dem Richtung Valldemossa ausgeschilderten Pfad scharf links bergab.

Der auf Landkarten verführerisch geradeaus lockende Weg führt nach etwa 50 m zum Mirador de son Gual, ist aber nach etwa 500 m Richtung Valldemossa gesperrt. Ein Naturschutzwärter erklärt Ihnen wortreich (wahlweise in Mallorquin oder Spanisch), dass der Durchgang genehmigungspflichtig ist und schickt Sie wieder zurück.

Beim Abstieg bietet sich noch ein schöner Ausblick nach Valldemossa, ansonsten wandern Sie durch Schatten spendenden Steineichenwald. An einer Ruine halten Sie sich links und laufen an einem Kalkofen vorbei zu einer T-Kreuzung, an der Sie rechts durch das Holztor wandern. In einigen Serpentinen verlieren Sie schnell an Höhe und erreichen das Zugangstor zum genehmigungspflichtigen Bereich des Landschaftspflegeprojekts **Muntanya del Voltor**. Hier erhalten Sie auch einen deutschsprachigen Prospekt mit Lageplan der frei zugänglichen und der genehmigungspflichtigen Wege.

Am Zugangstor biegen Sie links in einen breiten Weg ein, der bergab zu einem verschlossenen Tor führt. Dort laufen Sie rechts am Zaun entlang parallel zu einem Betonweg. Der Wanderweg endet in der Carrer de les Oliveres, dieser

Straße folgen Sie geradeaus, biegen links in die Carrer dels Ametlers, rechts in die Carrer Alzines I Pins und an dem rosa Gebäude der Musikschule links in die Carrer d'els Valldemossa und nehmen rechts den Treppenweg. In seiner Verlängerung folgen Sie der Straße bis zur Ma-1110. Den Spielplatz rechter Hand kennen Sie vom Hinweg, wissen also, dass Sie nun nur noch rechts abbiegen müssen, um zurück zum Startpunkt zu kommen.

☺ Wenn Sie nach Ende der Wanderung noch Zeit haben, sollten Sie sich die Kartause ansehen, das 1399 von König Martin I. von Aragon gegründete Kartäuserkloster. Bei Ihrem Besuch erfahren Sie nicht nur etwas über die Geschichte des Klosters, sondern auch sehr viel über die Zeiten, in denen George Sand, Frédéric Chopin und Erzherzog Ludwig Salvator in Valldemossa lebten.

Ein Abenteurer machte Mallorca bekannt

Der 1847 geborene Ludwig Salvator (Lluis Salvador), Erzherzog von Österreich-Toskana, interessierte sich nicht für höfische Langeweile. Schon in seiner Jugend zog es ihn ans Meer und in südliche Länder, er lernte 15 Sprachen und erforschte zahlreiche bis dahin auf dem europäischen Festland fast unbekannte Inseln im Mittelmeer. 1867 erkundete er erstmals die Balearen, verliebte sich unsterblich in die wilde Westküste Mallorcas und wurde quasi zum Aussteiger. Nach und nach kaufte er zwischen Deià und Valldemossa den Bauern ein Stück Land nach dem anderen ab, um es zu erkunden und vor Veränderungen zu schützen. Ausführlich beschrieb er in den folgenden Jahren Flora, Fauna, Geologie, Architektur und Bevölkerung Mallorcas. Auf der Pariser Weltausstellung in Paris erregte seine Enzyklopädie „Die Balearen in Wort und Bild" großes Aufsehen. Viele seiner Leser wollten die Insel selbst ansehen, man betrachtet den Erzherzog daher als Mallorcas ersten PR-Mann. Er liebte die Landschaft um Valldemossa sehr und ließ in den Bergen Reitwege anlegen. Seine Pferde müssen sehr brav und schwindelfrei gewesen sein, wenn sie auf den mitunter kaum 2 m breiten Kammwegen laufen mussten.

☕ Ein Einkehrtipp ist die Pastelería Can Molinas, Via Blanquema 15, 07170 Valldemossa, ☏ 971 612 247, 💻 www.canmolinas.com, 🚪 7:00 bis 20:00. Die Cocas de Papata (Kartoffelkuchen) der schon 1920 gegründeten Bäckerei sind eine echte Spezialität aus Valldemossa, aber auch die Ensaimadas, der Aprikosen- und der Mandelkuchen sind absolut köstlich.

⑦ Kleine Waldrunde zur Ermità de la Trinitat

Für Familien

Die kürzeste Wanderung in diesem Buch führt von der Küstenstraße zu einem vom Erzherzog Ludwig Salvator angelegten Aussichtspunkt und über eine Eremitenhöhle zu einem heute noch von Mönchen bewohnten kleinen Kloster. Ein schöner kleiner Rundgang, vielleicht an einem Tag, an dem Sie erst nachmittags vor Hitze vom Strand fliehen. Der Weg führt durch den schattigen Mischwald aus Aleppo-Kiefern und Steineichen, dessen Kühle Sie dann genießen können.

Start/Ziel: am Hotel El Encinar an der Ma-10 zwischen Valldemossa und Deià, GPS N 39°44.080' E 002°36.727'

3,7 km

1 Std. 30 Min.

159 m/159 m

392-522 m

keine Markierungen

Café des Hotels El Encinar am Start/Ziel

Die Mirador-Brüstung (km 0,5) hat gute Sitzhöhe für ein sonniges Picknick, die Rastplätze kurz vor (km 2,4) und an der Ermità (km 2,6) liegen im Schatten.

GC5F64C Secretos Lulianos # 1: Sa Cova des Beat, Tradi; GC60XY4 Secretos Lulianos # 2: El Árbol de la Ciencia, Tradi; GC1NWY8 Hermitage of Valldemossa, Tradi; GC3JQ07 El Bocs Màgic, Letterbox-Hybrid

Auf dieser kurzen Rundstrecke können eine Aussichtsplattform bestiegen, eine Eremitenhöhle betreten und einige Caches gehoben werden. Da macht es dann nichts aus, im Kloster ganz leise zu sein, um die dort lebenden Mönche nicht zu stören.

Auf der eigentlichen Rundstrecke gibt es keine Stufen, hinauf zum Mirador des Tudons sind es 16 Stück, dort kann der Buggy aber unten auf dem Weg stehen bleiben. Allerdings führt der Weg über rauen Schotter, grobes Geröll und im Boden steckende Steine/Felsen, sodass der Wagen immer wieder kurz angehoben werden muss.

Eine kurze Hunderunde ohne Gefahrenstellen durch erfrischend kühlen Wald. Wasser gibt es im Hotel und an der Ermità.

Parkmöglichkeit auf dem Hotelparkplatz und an der Ermità

Bushaltestelle El Encinar, Linie L210 von Port de Sóller, Valldemossa und Palma (etwa stündlich)

Café des Hotels El Encinar, Ma-10, 07170 Valldemossa, ☏ 971 612 000, www. hotelencinar.com

Gegenüber vom Hotel El Encinar führt neben einem Tor ein Weg bergauf. Er bringt Sie nach etwa 170 m zu einer Verzweigung, an der Sie den breiten Waldweg verlassen, um geradeaus dem etwas schmaleren Weg weiter bergauf zu folgen (von rechts kommt der Rückweg). Nach gut 350 m erreichen Sie die Aussichtsplattform **Mirador des Tudons**. Erzherzog Ludwig Salvator ließ dieses Bauwerk errichten, um einen perfekten Aussichtspunkt über seine Ländereien und hinüber zur Landzunge Sa Foradada zu haben. Eine Freitreppe mit 16 Stufen führt hinauf.

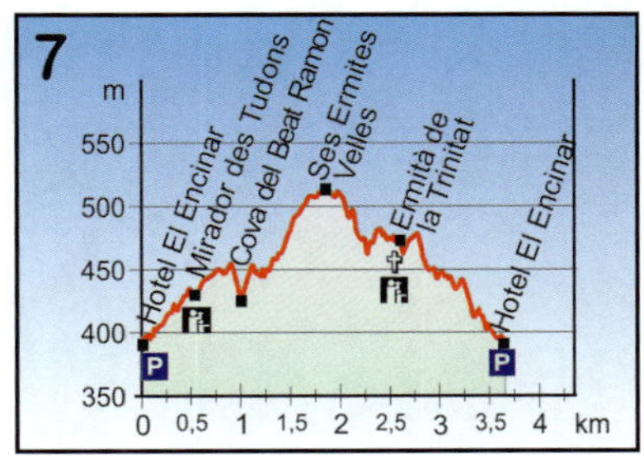

Folgen Sie dem Weg und halten Sie sich an der nächsten Gabelung geradeaus. Sie kommen zu einem Felsblock, neben dem ein ungewöhnlicher runder **Bruchsteinbau** mit Stufen steht. Welchen Nutzen der Bau ursprünglich haben sollte, ist schwer zu sagen, vielleicht war es ein Kalkofen, vielleicht ein Turm. Zwischenzeitlich wurde er wohl auch zum Einfangen von Singvögeln genutzt.

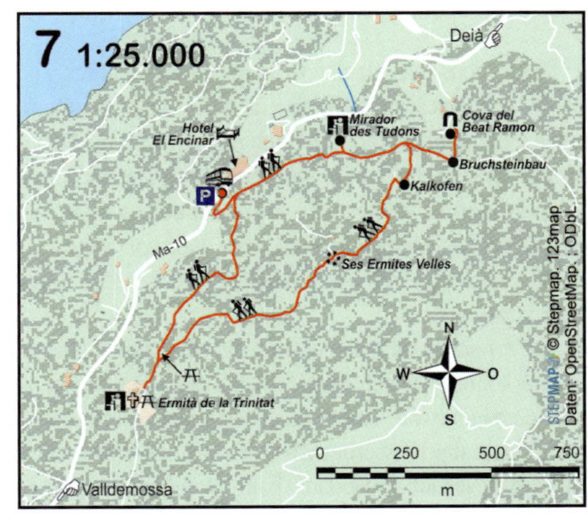

Dort biegen Sie links ab und laufen etwa 100 m bergab, bis Sie auf der linken Seite des Pfades ein Kreuz entdecken. Genau darunter verbirgt sich die **Cova Beat Ramon** ⊕, eine kleine Höhle mit Tür und Altar, die als Einsiedelei genutzt wurde.

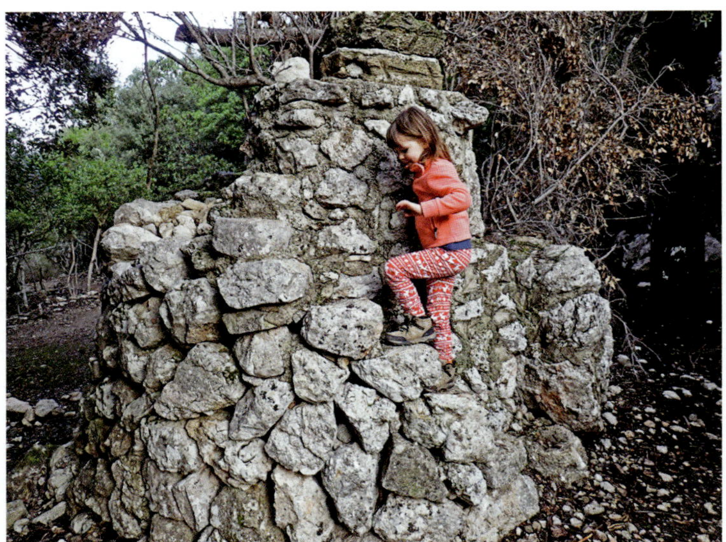

Kurioses Bauwerk, aber die Stufen sind unwiderstehlich.

Nach dem Besuch der Cova gehen Sie zurück zu dem **Bruchsteinbau** (etwa 85 m geradeaus liegt ein 🌐 Cache im Hang versteckt) und dort rechts wieder zurück Richtung Mirador, jedoch nur gut 100 m. Dann nehmen Sie den an einem Steinmännchen links bergauf führenden Weg und passieren die Reste eines weiteren großen Kalkofens oder Turms auf der rechten Seite. Rechter Hand erkennen Sie an einigen Steinelementen, dass hier vor längerer Zeit einmal ein Aussichtspunkt gewesen sein muss. Inzwischen ist der Blick hinab zur Küste aber vollkommen zugewachsen.

Sie erreichen nun eine Mauer, die einst zum Gebäude **Ses Ermites Velles** gehörte. Sie können einfach durch die Lücke in der Mauer geradeaus gehen, passieren eine Gebäuderuine, laufen durch eine weitere Mauerlücke und kommen zu einem Köhlerplatz mit Wasserbecken. Hier halten Sie sich eher links und laufen einen felsigen Weg hinauf. Er verläuft bald darauf mit einigen Meerblicken 🌐 bergab und endet oberhalb eines ⛶ in den Fels gehauenen Picknickplatzes an einer Verzweigung. Hier beginnt nachher der Rückweg. Doch zunächst wandern Sie noch die letzten Schritte neben dem Törchen zur ✝ **Ermità de la Trinitat** ⛶ 💧 WC P

(9:30 bis 18:00, im Sommer bis 19:00).

Die kleine Einsiedelei wurde 1648 gegründet und wird noch heute von Eremiten bewohnt und bewirtschaftet, die nach den Regeln der Heiligen Paulus und Antonius leben. Sie leben sehr zurückgezogen, freuen sich also an Besuchern, die die Stille dieses Ortes zu schätzen wissen. In dem kleinen Kiosk im Innenhof werden daher auch nur sakrale Andenken verkauft. Von der Terrasse der Ermità können Sie einen der schönsten Ausblicke der Insel genießen.

Im Garten der Emità de la Trinitat

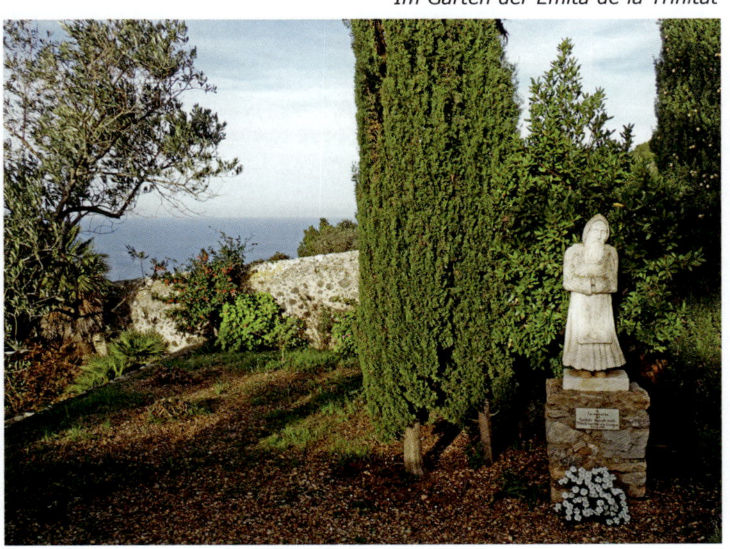

Der Rückweg verläuft neben dem Törchen Richtung Picknickplatz, diesmal aber an der Gabelung links bergab. An der T-Kreuzung biegen Sie rechts ab und folgen dem breiten Weg geradeaus bis zu einer weiteren T-Kreuzung. Dort gehen Sie rechts zu einer dritten T-Kreuzung und können hier schon das Hotel sehen, müssen also nur noch links dem Weg zurück zum Startpunkt folgen.

8 Von Deià zur Cala de Deià

Für Kulturwanderer

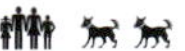

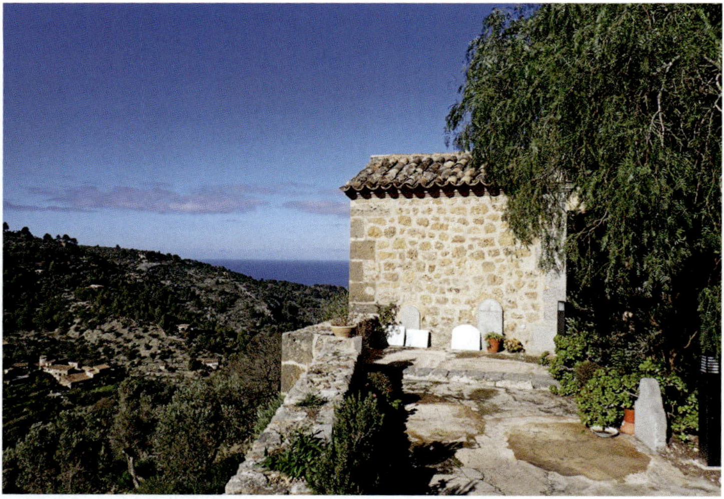

Aussicht am Friedhof von Deià

Aus dem touristisch stark frequentierten Künstlerdorf Deià führt diese kleine Rundwanderung durch Olivenhaine hinab zur romantischen Kieselsteinbucht Cala de Deià. Begleitet wird der Wanderer vom Rauschen einiger Wildbäche. Die Strecke führt etwa zur Hälfte durch Waldgebiete und zur anderen Hälfte durch offenes Gelände.

Start/Ziel: am Taxistand neben der Bushaltestelle an der Ma-10, GPS N 39°44.915' E 002°38.932'

5,1 km

2 Std.

239 m/239 m

0-201 m

einzelne Wegweiser, keine durchgängigen Markierungen

- Sa Vinya (➲ 100 m vom Start/Ziel entfernt), exklusive Restaurants und gemütliche Cafés im Ort, saisonal auch unten in der Bucht (km 2,9)
- Einkaufsmöglichkeiten im Ort
- Sitzbänke im Dorf an der Kirche (km 0,3) und an der Kreuzung 50 m vor dem Ziel, Aussichtsterrassen oberhalb der Cala
- Cala de Deià (km 2,9)
- GC1QFT6 in Memoriam, Tradi; GC2MVVD Cala Deià, Tradi; GC6BPPM ¿Dónde estará mi carro?, Rätsel-Cache
- Die kurze Rundtour umfasst viele Stufen. Einige Geocaches, ein Spielplatz und der Badestrand lockern die Wanderung auf.
- Wegen der vielen Stufen auf dem Hinweg und der schmalen Pfade ist der Weg für Buggys nicht geeignet.
- Sie werden Ihren Hund über mehrere Zaunleitern heben müssen. Die Straße hinab zur Cala de Deià ist an heißen Tagen stark von Badegästen frequentiert, Hunde sollten zu ihrer Sicherheit an der Leine geführt werden. Bitte Wasser mitnehmen.
- P Parkmöglichkeiten in Deià und kurz vor der Cala de Deiá, aber sehr knapp und meist kostenpflichtig. Der P Parkplatz am Startpunkt ist auf 2 Std. begrenzt, das könnte knapp werden.
- Bushaltestelle Deià, Linie L210 von Port de Sóller, Sóller und Platja de Palma (etwa stündlich)

Das Künstlerdorf Deià

Der Name Deià (abgeleitet von daya) soll aus der Zeit der arabischen Besatzung Mallorcas stammen und „Feld" bedeuten. Das könnte zutreffen, denn in der geschützten Senke mit den vielen Quellen und Bächen ist eine intensive Landwirtschaft so gut möglich wie sonst kaum an der Nordwestküste. Auch der Erzherzog Ludwig Salvator liebte diesen Ort. Deià ist heute weltweit bekannt als Künstlerkolonie: Schriftsteller, Maler, Schauspieler und Musiker ließen sich am liebsten in Deià nieder. An Sommertagen schieben sich hier ab dem späten Vormittag die vorwiegend englischsprachigen Touristenmassen durch die Gassen, stets auf den Spuren von Robert von Ranke-Graves, Peter Ustinov, Ava Gardner, Michael Douglas und Pablo Picasso.

Gegenüber vom Taxistand an der Hauptstraße laufen Sie die Calle de Porcho hinauf zur i Touristeninformation, steigen rechts davon hinter dem Brunnen die Treppe hinauf und folgen der Straße geradeaus. An einer Sackgasse halten Sie sich links, nach 5 m bleiben Sie rechts auf der Straße. Hier beginnt ein Kreuzweg

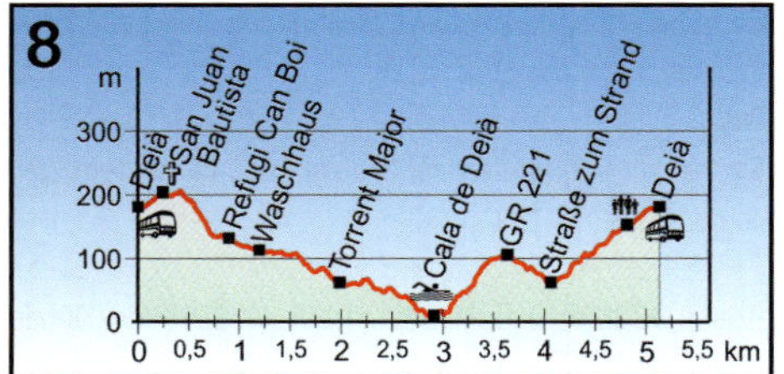

hinauf zur Kirche, dem Sie in der Serpentine nach rechts die Treppe hinauf folgen. Die Treppe endet am Friedhof ⊕. Dies ist ein wahrlich friedlicher Ort mit Schatten, Vogelgesang und einem sehr schönen Blick hinab ins Tal des Torrent Major.

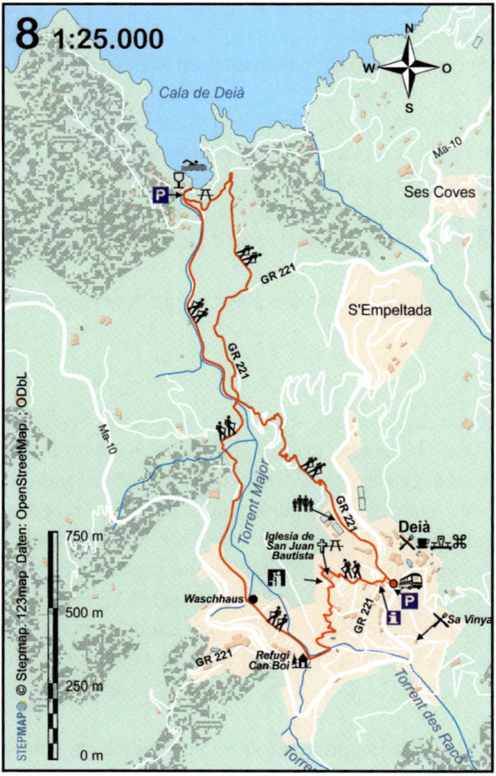

Wenn Sie nun die Kirche Iglesia de San Juan Bautista weiter umrunden, passieren Sie zunächst einen ● Trinkwasserbrunnen, dann den Eingang zur Kirche und das ⌘ Kirchenmuseum.

Biegen Sie dann rechts in die Calle Ramon Llull ein. Vor dem Haus Ca'n Sarale gehen Sie links bergab. Achten Sie links auf eine Kreuzwegstation mit der Nummer IV, hier laufen Sie rechts die gepflasterte Treppe hinab. Der Treppenweg führt an einigen Kunstobjekten vorbei, die daran erinnern, dass Deià ein Künstlerdorf ist. An der T-Kreuzung folgen Sie dem Pflasterweg weiter nach links, bis Sie hinter dem Torrent des Racó ein Sträßchen erreichen. Auf diesem gehen Sie nach rechts. Am **Refugi Can Boi** laufen Sie nach rechts auf dem Sträßchen bergab, parallel zum Torrent Major – so heißt der Torrent des Racó inzwischen, weil er sich auf Höhe des Refugi mit dem Torrent des Salt vereint hat.

An der nächsten Gabelung gehen Sie rechts in die Sackgasse. Sie passieren einen Brunnen. Die Straße endet an einem **Waschhaus** und führt als Schotterweg geradeaus weiter. Hinter dem letzten Haus schrumpft der Weg zu einem schmalen Pfad, der hoch über dem rauschenden Bach verläuft. Sie kommen an eine Zaunleiter, über die Sie Ihren Hund wahrscheinlich herüberheben müssen.

Wandergruppe auf halber Strecke

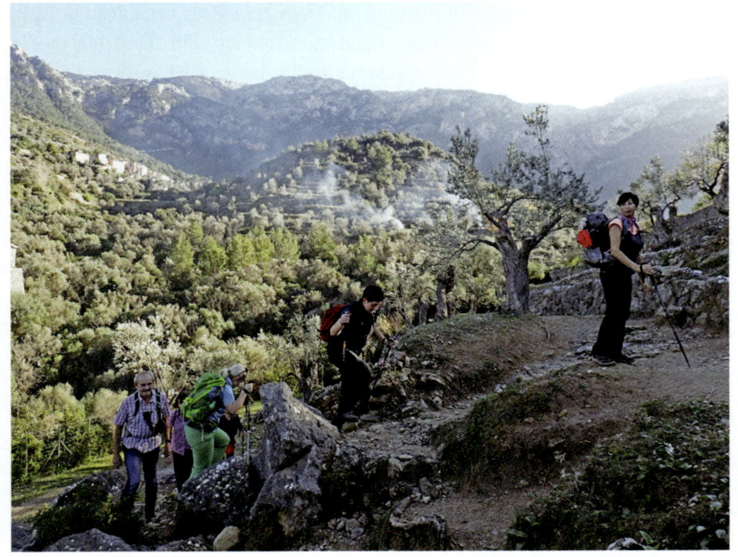

Der Weg verläuft nun von Oliven- und Zitrusfruchtbäumen gesäumt an dem einen oder anderen Feigenkaktus vorbei und im Zickzack bergab zu einer zweiten Zaunleiter. Dahinter überqueren Sie den Bach auf einem gepflasterten Steg, der als bergabführender Weg verlängert wird. An der Verzweigung bleiben Sie auf dem bisherigen Weg, der nun nach halb links führt. An dessen Ende gehen Sie – je nach Naturell und Witterung – geradeaus über die Brücke oder links durch die

Furt zur Straße. Dieser folgen Sie nach links, sie führt zum P Parkplatz der Cala de Deià. An Sommertagen mit Badewetter ist hier viel los, ansonsten ist dieser Parkplatz eine Alternative, wenn Sie im Ort oben keinen Platz für Ihr Auto finden. Ein Treppenweg führt am Ende der Straße hinab zur **Cala de Deià** 🌐. Im Sommer herrscht in der idyllischen Bucht reger Betrieb am Badestrand, in den Strandbars und in dem kleinen Hafen. Im Winter ist der Strand mit Treibgut bedeckt und die Bars sind geschlossen, der Blick in diese kleine Felsbucht ist aber ebenso sehenswert.

Gehen Sie vom Strand zurück bis ans Ende des Treppenweges, dort steigen Sie links die Treppe hinauf und passieren einige Terrassen im Hang, von denen Sie bei einer Rast eine schönere Aussicht auf die Bucht haben als unten am Strand. An der Wegkreuzung bleiben Sie auf dem geradeaus verlaufenden Pfad, der mit Stufen hinauf zu einer hohen Grundstücksmauer führt. Dort biegen Sie rechts ab und laufen auf einem Treppenweg weiter bergauf. Er wird nach einem weiteren schönen Ausblick zum Fahrweg und führt aus dem Nadelwald heraus durch Olivenhaine.

In einer Linkskurve treffen Sie auf den GR 221, dem Sie nach rechts folgen. Sie können nun noch einmal feine Aussichten hinab zur Cala de Deià und hinauf zum Kirchberg von Deià genießen. Der GR 221 führt bergab und erreicht hinter einer Zaunleiter die Straße an der Brücke, die Sie schon vom Hinweg kennen. Dieses Mal gehen Sie links am Straßenrand entlang, bis Sie nach etwa 50 m links den Treppenweg hinaufsteigen können. Dreimal queren Sie die Straße, dann trifft der Pfad auf einen breiteren Weg, dem Sie nach links folgen. Er wird hinter einer weiteren Zaunleiter zur Anwohnerstraße und führt an einer Schule (mit Kinderspielplatz) entlang zur Ma-10. Dort sind es nur noch etwa 50 m geradeaus bis zum Startpunkt.

Das Restaurant Sa Vinya liegt nur etwa 100 m abseits des Weges. Sa Vinya, Calle Vinya Vella 4, 07179 Deià, ☏ 971 639 500, www.restaurant-savinya.com, Mi bis Mo 13:00 bis 22:00

Nördliche Tramuntana

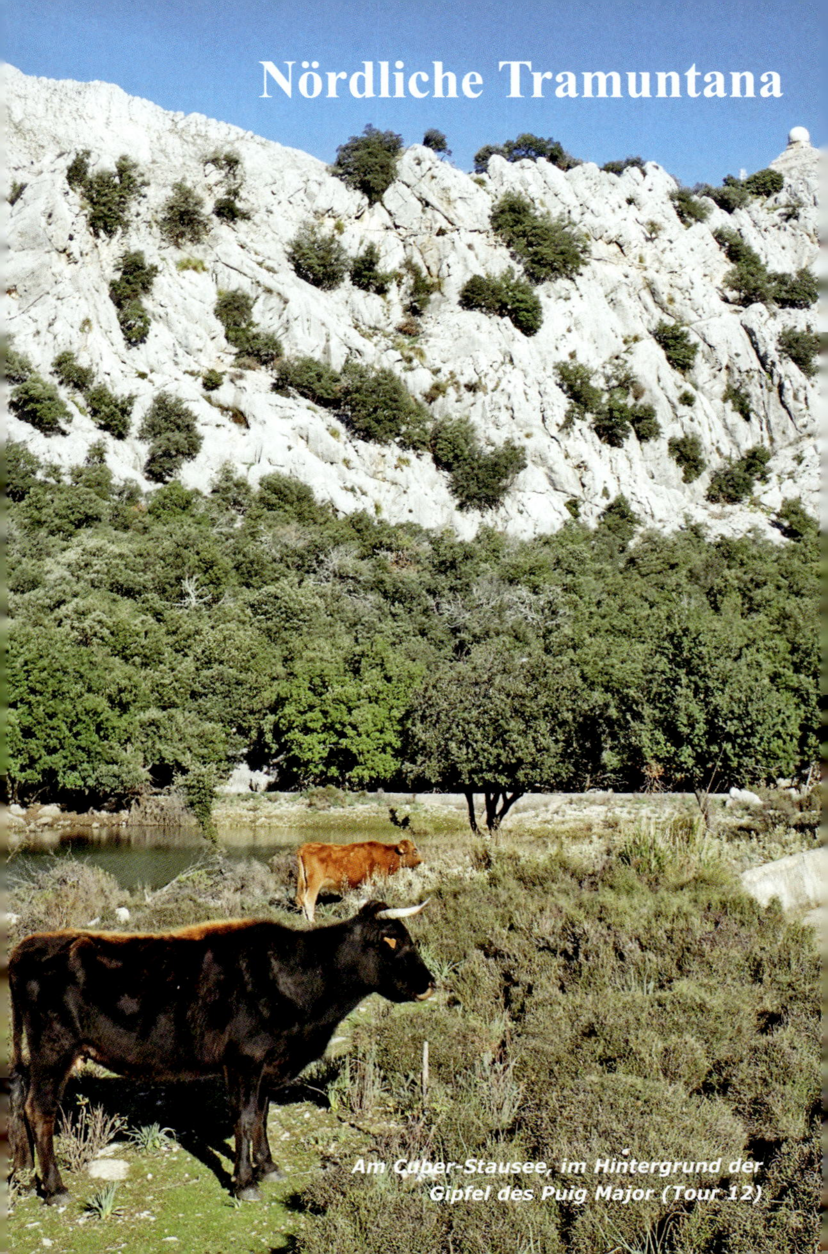

Am Cuber-Stausee, im Hintergrund der Gipfel des Puig Major (Tour 12)

9 Von Bunyola zu den Penyals d'Honor

Für Waldläufer

Auf ruhigen Nebenstraßen führt diese Route an einem Höhlenhaus vorbei in den dichten Steineichenwald rund um die Penyals d'Honor. Dieser Doppelgipfel bietet Aussichten bis weit in die Tramuntana und zu den Buchten von Palma und Alcúdia. Der Weg verläuft vorwiegend im Schatten.

- Start/Ziel: am Friedhof von Bunyola, Ma-2020, km 8, GPS N 39°41.221' E 002°42.151'
- 12,8 km
- 4 Std. 30 Min.
- 612 m/612 m
- 174-789 m
- keine Markierungen
- Café Central (50 m entfernt), weitere Restaurants und Cafés im Ort
- Einkaufsmöglichkeiten im Ort
- großer Rastplatz etwa auf halber Strecke (km 5,3)
- GC464P4 L'Alzina Gran, Tradi; GC694A8 Farben de COLORES, Rätsel-Cache; GC4MYK0 Alice in Wonderlsland ~by Paradoxs~, Letterbox-Hybrid
- Bei dieser ungefährlichen Wanderung kann ein Gipfel erwandert werden, wegen ihrer Länge ist sie aber nicht für jedes Kind geeignet.
- Wer einen robusten Offroad-Buggy sein Eigen nennt, kommt bis zum Picknickplatz Cas Garriguer und nimmt dort links die Zufahrt hinab nach Bunyola, wenn es geradeaus auf dem Pfad zum Gipfel kein Durchkommen gibt.
- Herrlich schattige Hunderunde durch den Wald, nur im Ort Bunyola ist eine Leine nötig. Bitte Wasser mitnehmen.
- P Parkmöglichkeit am Friedhof oder an der Ma-2020 auf dem P Parkplatz zwischen Friedhof und Ortsmitte
- Bushaltestellen am Bahnhof und an der Kirche, Linien L211 (stündlich) und L220 (etwa stündlich) von Palma
- Bunyola ist von Palma und Sóller aus auch mit der Bahn („Orangenexpress") zu erreichen.

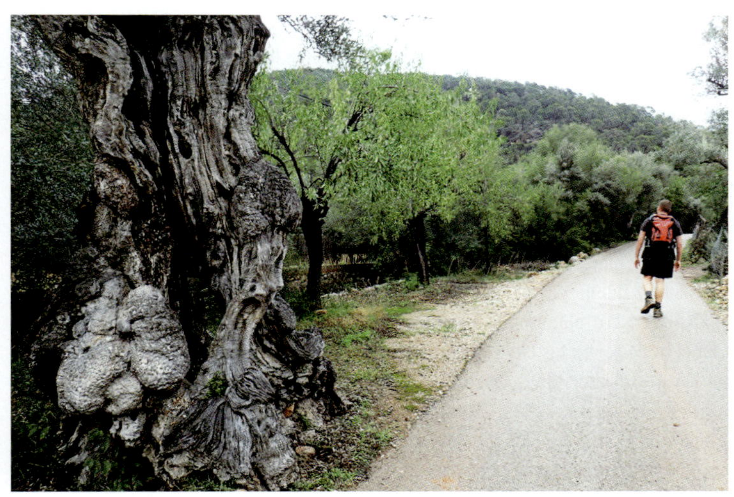

Knorriger Olivenbaum bei Bunyola

Sie starten mit dem Rücken zum Friedhofstor und laufen auf dem Gehweg die Ma-2020 hinab. Nach etwa 180 m biegen Sie links ab und folgen dem Sträßchen Richtung Es Cocons, es führt zwischen Obstgärten leicht bergauf. Links erheben sich der Penyal des Beies (⇧ 349 m) und der Penyal des Corb (⇧ 469 m) über dem Tal. Sie passieren die Häuser von **Es Cocons** und halten sich dabei auch an dem Abzweig geradeaus an den Teerweg. Hinter dem **P** Waldparkplatz und einer Linkskurve an einem Einzelhaus namens **Ca na Moragues** folgen Sie geradeaus dem Schotterweg in das östlich des Penyal des Corb verlaufende Tal. Auf die Mandelplantage auf der linken Seite folgt ein Olivenhain.

Unmittelbar hinter einem der Tore (meist offen) ist rechts im Fels eine kleine Höhle namens S'hort de S. Francesc zu entdecken. Nur etwa 100 m dahinter erreichen Sie das Höhlenhaus **Sa Cova**. Die Höhle selbst wurde schon im 9. Jahrhundert von Eremiten bewohnt, das Haus im 14. Jahrhundert in die Höhle eingepasst. Es wird bis heute bewohnt, bitte respektieren Sie das Bedürfnis der Bewohner nach Privatsphäre.

Hinter dem Höhlenhaus laufen Sie weiter den Wirtschaftsweg bergauf, passieren das Haus Ca'n Jaume Fundo und laufen hinter dessen letztem Tor am Ende des Wirtschaftsweges geradeaus in den Wald. Flechten, Moos und Pilze wachsen im Herbst in diesem schattigen und feuchten Waldgebiet.

Steineichenwald

In Mallorcas Wäldern ist die immergrüne Steineiche (*Quercus ilex*) die vorherrschende Baumart. Das im Winter milde und feuchte Mittelmeerklima lässt sie gut gedeihen, in den Zweigen wachsen oft lange Flechten, in Bodennähe sind sie gerne von Moos bedeckt. Die Steineiche wird 10-20 m hoch und bildet oft erst im Juni Blätter aus, die zum Teil einen glatten Rand haben, zum Teil aber auch Stacheln bilden wie eine Stechpalme – daher stammt auch der botanische Beiname Ilex. Alte Blätter werden erst nach 2-3 Jahren abgeworfen. In der Blütezeit (April/Mai) hängen an den männlichen Bäumen lange Kätzchen, die Blüten der weiblichen Bäume sind unauffälliger. Diese tragen im Herbst Eicheln, die spitzer sind als unsere heimischen Exemplare und deren „Hütchen" fast die Hälfte der Eichel bedecken. Das Holz brennt auch in frisch geschlagenem Zustand relativ gut und wurde früher überall in der Tramuntana zu Holzkohle verarbeitet. Deshalb werden Sie auch bei allen Wanderungen durch Steineichenwälder auf verlassene Köhlerplätze stoßen. Das gibt einer Wanderung durch einen Steineichenwald mitunter eine mystisch-märchenhafte Stimmung, wenn nicht allzu viele andere Wanderer laut erzählend unterwegs sind.

Sie passieren einige Köhlerplätze und einen Geocache in einem felsigen Hang, bevor Sie etwa 200 m hinter einem Metalltor den riesigen Picknickplatz **Cas Garriguer** erreichen. In der Haarnadelkurve gehen Sie geradeaus Richtung Penyal d'Honor. Der Weg wird steiler, schmaler und felsiger. Mitten in einem Paradies aus Baumerdbeeren erreichen Sie eine Wegkreuzung. Hier führt der Weg später zurück nach Bunyola, doch zunächst folgen Sie dem Pfad geradeaus bergauf. Ganz plötzlich endet der

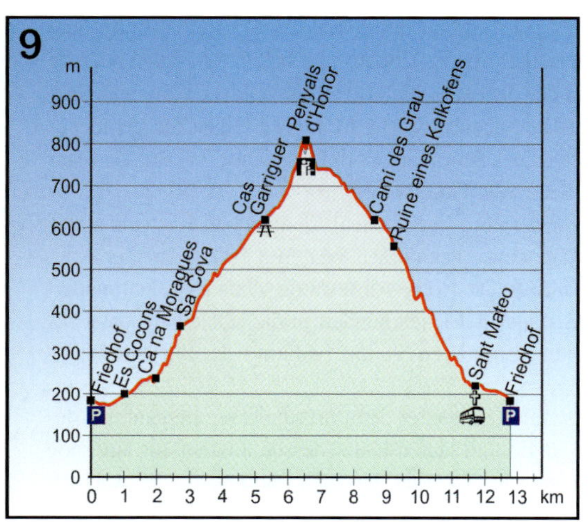

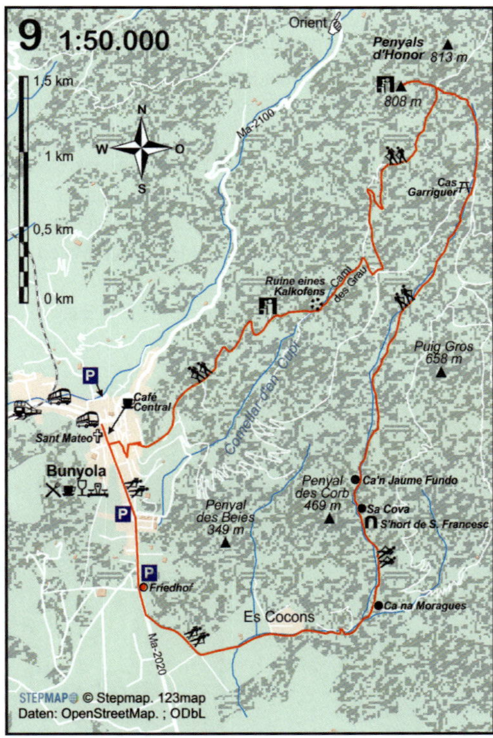

Wald und der Gipfel bietet einen Ausblick, den Sie vor ein paar Minuten wegen der dichten Bewaldung nicht erwartet hätten. Das ebene Podest stammt von einem ehemaligen Brandausguck. Wenn Sie sich mit einem Blick in die Karten nicht sicher sind, wo genau Sie sich nun befinden, kann es daran liegen, dass dieser Berg korrekt **Penyals** (also Plural) **d'Honor** heißt und einen Doppelgipfel hat. Der südwestliche Gipfel, auf dem Sie gerade stehen, ist 808 m hoch und wird in neueren Karten als Penyal de Son Creus bezeichnet. Der zweite Gipfel nordöstlich davon ist 813 m hoch und heißt in diesen Karten Penyal (Singular!) d'Honor. ↳ Ein Abstecher ist über den Felssteig möglich.

Sie gehen zurück zur Wegkreuzung und dort nun auf einem Karrenweg rechts bergab. An der nächsten Gabelung bleiben Sie links auf dem breiten Weg. Hinter einem Tor treffen Sie auf eine Wegkreuzung mit einem breiten Fahrweg, er kommt vom Picknickplatz Cas Garriguer herunter. Hier an der Infotafel folgen Sie rechts dem **Camí des Grau** Richtung Bunyola. An der nächsten Kreuzung laufen Sie links bergab bis zu einer Gabelung an der Ruine eines Kalkofens. Dort bleiben Sie auf dem Camí des Grau, nehmen also den rechten Weg. Eine kleine Aussicht ins Tal tut sich auf, dahinter gehen Sie an der Gabelung links Richtung Bunyola. Der Weg führt an weiteren Einfachbauwerken (vermutlich eine Zisterne und weitere Kalköfen) im

Wald vorbei. Zwischen zwei Trockensteinmauern hindurch – links mit Blick auf den Penyal de ses Beies (⇧ 349 m) – laufen Sie zu einem Betonweg, diesem folgen Sie immer geradeaus und wandern dabei an einigen Fincazufahrten entlang Ein Treppenweg führt an kleinen Häuschen entlang hinab nach Bunyola. Nehmen Sie an der T-Kreuzung links den Pflasterweg, er wird zu einem weiteren Treppenweg. An dessen Ende gehen Sie rechts bis zu einem Steinkreuz, dort links die Treppe hinab (Carrer del Pare Cerda). Am Treppenfuß laufen Sie geradeaus zum Stoppschild im Ortskern von Bunyola ✕ ☕ 🍷 . Einige Cafés und Restaurants befinden sich auf der Hauptstraße und rund um die Kirche **Sant Mateo** (1756-1779).

☕ Café Central, Carrer de l'Església 1, 07110 Bunyola, ☎ 971 613 715 , ➲ 50 m vom Weg entfernt, täglich außer Mo 6:00 bis 0:00

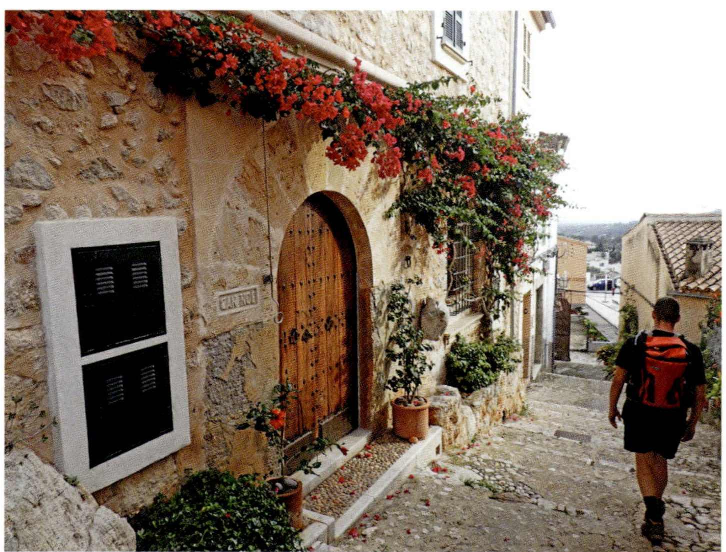

Idyllischer Abstieg in Bunyola

Sie schließen den Rundwanderweg ab, indem Sie links auf dem Gehweg der Ma-2020 hinab zum Startpunkt folgen.

10 Von Port de Sollér zum Cap Gros

Für gemütliche Genusswanderer

Durch die jahrhundertealten Olivenhaine der Muleta-Halbinsel wandern Sie zum Leuchtturm am Cap Gros. Auf leicht zu laufenden Pfaden genießen Sie die Aussichten in die Bucht von Port de Sóller und bestaunen bizarr gewachsene Olivenbäume. Die Strecke ist eher sonnig, hat aber auch schattige Abschnitte.

- Start/Ziel: vor der Infotafel am Strand von Port de Sollér, GPS N 39°47.424' E 002°41.453'
- 6,3 km
- 2 Std.
- 212 m/212 m
- 2-198 m
- Ein kleines Stück folgen Sie den Markierungen des GR 221, sonst ist der Weg unmarkiert.
- Muleta de Ca S'Hereu (km 2), Refugi Muleta (km 4,5), Restaurant Sa Teulara (km 4,6), weitere Restaurants und Cafés in Port de Sollér
- Einkaufsmöglichkeiten in Port de Sollér
- nur eine echte Rastbank unterwegs (km 4,4), aber viele Felsbrocken in Sitzhöhe
- Bademöglichkeit am Start/Ziel
- Sindry's View, Tradi; Cap Gros, Tradi
- Die Strecke ist für Kinder ab Schulalter ohne Schwierigkeiten zu laufen, kleineren könnte der Weg zu lang sein.
- Durch Engstellen, Steilstücke und holprigen Untergrund ist diese Tour nicht buggytauglich.
- Hunde müssen auf dieser Runde nur auf den Straßen von und nach Port de Sollér an die Leine genommen werden. Bitte Wasser mitnehmen.
- Parkmöglichkeit an der Promenade oder in zweiter Reihe auf den gebührenpflichtigen P Parkplätzen im Camí del Far und Camí des Camp de sa Mar
- Bushaltestelle Port de Sollér, Linien L210 (etwa stündlich), L211 (stündlich) von Palma, L354 von Can Picafort/Alcúdia (nur im Sommer, Mo bis Sa 2x täglich), 1,2 km entfernt
- Haltestelle Es Torre, Trambahn von Sóller, 300 m entfernt

Am westlichen Ende des Strandes von Port de Sollér informiert eine Infotafel über den Strand **Platja d'en Repic**. Hier an der Nordwestküste Mallorcas gibt es nicht so viele Buchten mit Sandstränden wie im Norden, Osten und Süden. Überfüllt ist der Strand dennoch selbst an heißen Sommertagen nicht.

Sie wenden sich vom Strand ab und gehen zwischen den Pollern hindurch. Links von Ihnen befindet sich das Hotel Geranios, rechts die Caféteria Las Delicias. Ein Straßenschild verrät Ihnen, dass Sie auf dem Camí des Camp de Sa Mar laufen. Dieser Straße folgen Sie für etwa 500 m bis zu einem Schild mit einer Dampfeisenbahn. Dort folgen Sie dem nach rechts bergauf führenden groben Pflasterweg Richtung Deià/Sollér/Muleta. An dem Schild „Camina per Mallorca" biegen Sie scharf rechts ab und folgen dem GR 221 bergauf, er ist hier gepflastert und bietet schöne Blicke zurück nach Port de Sollér.

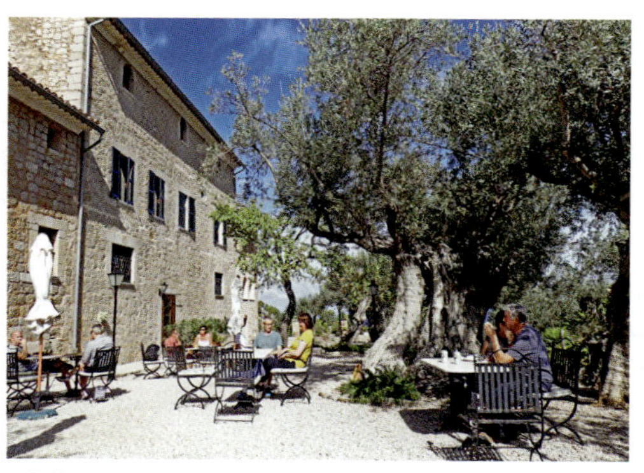

Idyllische Einkehr in der Muleta de Ca S'Hereu

Sie wandern durch schattigen Kiefernwald bis zu einem Tor, dahinter durch einen Olivenhain – der Weg wird also etwas sonniger, bevor es hinter dem nächsten Tor wieder durch Kiefernwald geht. An dessen Ende erreichen Sie im nächsten Olivenhain den Agroturisme ✕ **Muleta de Ca S'Hereu**, in dessen Garten es sich idyllisch bei einer Tasse Kaffee, einem Glas frisch gepresstem Orangensaft und Tapas pausieren lässt.

✕ Muleta de Ca S'Hereu, Camp de sa Mar, 07100 Sóller, ☏ 971 186 018, www.muletadecashereu.es

Auf diese Weise gestärkt passieren Sie einen Geocache in einem Olivenhain mit besonders knorrig gewachsenen Bäumen und laufen durch ein Bachbett hinauf zur Finca **Muleta Gran**, biegen aber davor scharf rechts ab. Zu beiden Seiten des Weges wachsen bizarr verdrehte Olivenbäume. Hinter einem im Boden eingelassenen Viehgitter folgen Sie dem Wirtschaftsweg nach links zu einem Findling, dort wandern Sie geradeaus Richtung Refugi de Muleta.

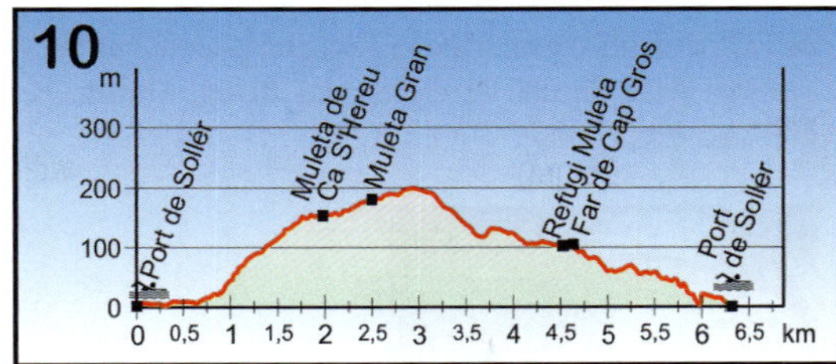

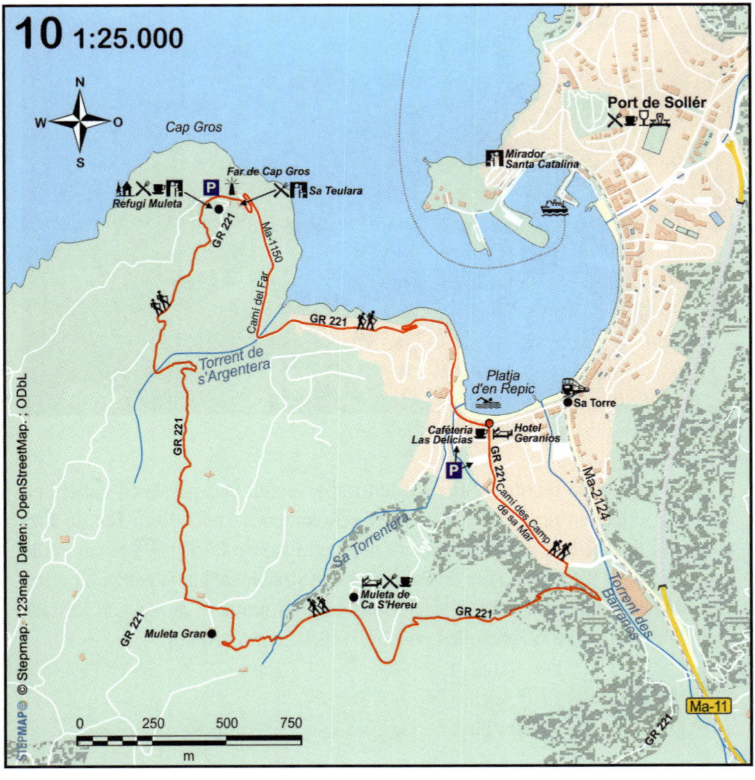

10 1:25.000
N
W
O
S
Cap Gros
Far de Cap Gros
Refugi Muleta
Sa Teulara
Port de Sollér
Mirador Santa Catalina
GR 221
Ma-1150
Camí del Far
Torrent de s'Argentera
Platja d'en Repic
Sa Torre
Cafeteria Las Delicias
Hotel Geranios
Camí des Camp de sa Mar
Ma-2124
Sa Torrentera
Muleta de Ca S'Hereu
Muleta Gran
Torrent des Barrancs
Ma-11
0 250 500 750
m
STEPMAP © Stepmap. 123map Daten: OpenStreetMap.; ODbL

Nach 80 m verlassen Sie den GR 221 und nehmen rechts den Weg durch die Mauerlücke. Über die fast zum Kreis geschlossene Bucht hinweg haben Sie schöne Fernblicke bis hin zum Puig Major (mit Radarkuppel) und zum Puig de l'Ofre rechts davon. An der Kreuzung mit der großen einzelnen Kiefer halten Sie sich links und erreichen das **Refugi Muleta** mit einer schönen Aussichtsterrasse.

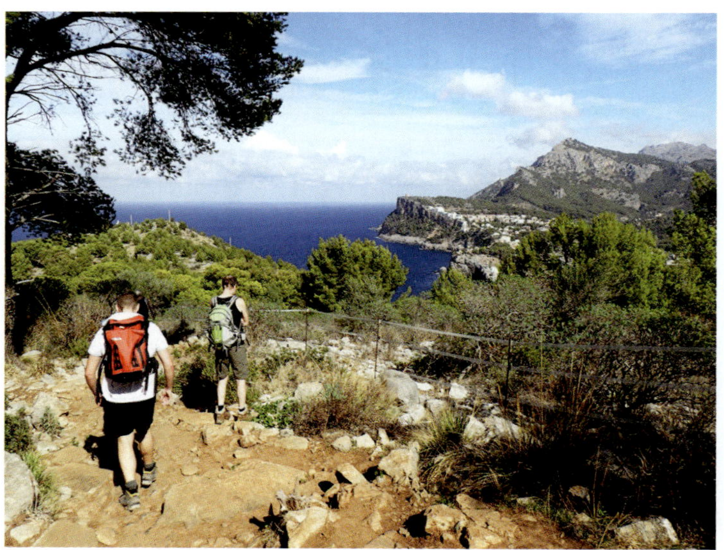

Auf dem Weg zum Cap Gros

Dort gehen Sie rechts auf der Küstenstraße bergab und passieren dabei den ab 1842 erbauten und 1859 in Betrieb genommenen Leuchtturm **Far de Cap Gros** und das Restaurant Sa Teulera mit fantastischen Blicken hinab in die gut geschützte Bucht von Port de Sollér. An der Straßengabelung gehen Sie nach links, biegen nach etwa 400 m scharf links ab und wandern an einigen Restaurants, Hotels und Wohngebäuden entlang zurück zum Startpunkt.

11 Vom Bilderbuchdorf Fornalutx zum Mirador de ses Barques

Für Panoramafreunde

Ein besonders hübsches Dorf ist Ausgangspunkt dieser Wanderung. Sie sollten dafür einen klaren Tag wählen, denn unterwegs eröffnen sich sehr viele Aussichten und Fernblicke. Der Weg selbst bietet in den Steineichen- und Kiefernwäldern, Orangengärten und Olivenhainen genügend Schatten, um auch an heißen Tagen gelaufen werden zu können.

Start/Ziel: auf dem Kirchplatz (Placa d'Espagna) in Fornalutx, GPS N 39°46.937' E 002°44.458'

7,4 km

2 Std. 30 Min.

360 m/360 m

47-403 m

keine durchgängigen Markierungen, vereinzelte Wegweiser und Pfosten mit Richtungspfeilen

Restaurant Mirador de ses Barques (km 2,5), weitere Restaurants und Cafés in Fornalutx und Sóller

Einkaufsmöglichkeiten in Fornalutx und Sóller

Schutzdach an der Finca Ses Comes (km 1,6), Sitzmöglichkeiten am Mirador (km 2,6) und beim Friedhof von Fornalutx (km 6,8)

GC5W427 Don Pedro, Earth Cache; GC6RGR5, Soller – Mirador de ses Barques, Tradi; GC4KWGP, Sa Capelleta, Multi

Eine technisch leichte Wanderung mit Caches und Aussichten, bei der aber auch viele Straßenquerungen bewältigt werden müssen.

Zu viele Stufen verhindern das Wandern mit Buggy. Der Straßenrand der mehrfach gekreuzten Ma-10 ist wegen der vielen schnellen Autos und Motorräder keine Alternative.

Wasser gibt es am Startpunkt und am Mirador. Eine Leine ist nötig für die Strecken im Ort und die zahlreichen Überquerungen der Ma-10 und einiger anderer Straßen. Eine Zaunleiter muss überklettert werden.

P Die Parkplätze in Fornalutx sind in der Saison spätestens ab Mittag voll.

Bushaltestelle Fornalutx, Linie L212 von Sóller (Mo bis Fr 3x tägl., Sa nur 2x). Starten Sie bei Anreise mit dem ÖPNV lieber in Sóller (Tren de Sóller von Palma, im

Winter 4x, im Sommer 6x tägl.; Tram von Port de Sóller, 1-2x stündlich) oder am Mirador (von Alcúdia und Can Picafort kommend hält dort im Sommer die Linie L354, nur im Sommer, Mo bis Sa 2x tägl.).

Der Weg hat unerwartet viele Stufen, die Menschen und Hunden mit vorbelasteten Knien/Hüften Probleme bereiten können.

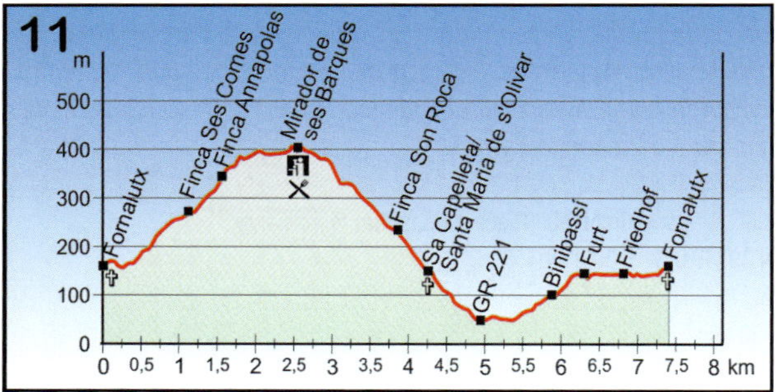

Die Runde startet auf dem **Kirchplatz** von Fornalutx, der offiziell Placa d'Espagna heißt. Fornalutx wird mitunter als das schönste Dorf Spaniens bezeichnet. In der Tat sind die verwinkelten Gassen mit den vielen Blumen kaum an Idylle zu überbieten. In dem kleinen Lebensmittelgeschäft und am Brunnen aus dem für Mallorca typischen Marès-Sedimentgestein können die Vorräte noch schnell aufgefüllt werden, dann beginnen Sie die Wanderung, indem Sie die Treppe zum Kirchenportal (= Carrer de l'Esglesia) hinaufsteigen. Dabei passieren Sie den Brunnen Sa Font de Sa Creveta.

Biegen Sie links in die Carrer de s'Olivar, steigen Sie die Treppe hinab und folgen Sie an der Kreuzung dem nach rechts führenden Sträßchen Richtung Port de Sóller und Tuent. Es führt zwischen Olivenhainen und Orangengärten aus dem Dorf hinaus. Rechts auf der Treppe kürzen Sie eine Serpentine ab. Nach 20 m (**vor** dem Metallpfosten) laufen Sie links auf der Treppe parallel zu einer Trockensteinmauer, kürzen die nächste Kurve ab und gehen an zwei Toren links weiter. Nach etwa 100 m steigen Sie rechts die Treppe hinauf und queren einen Teerweg. Einige Holzpfosten mit Pfeilen erleichtern bei diesem Wegabschnitt die Orientierung.

Am Treppenkopf folgen Sie links dem Teerweg zur Ma-2110 und laufen an deren Rand halb rechts bergauf Richtung Costa d'en Nico. Hinter der **Finca Ses Comes** queren Sie die Ma-10 und orientieren sich erneut an dem Wegweiser Richtung Costa d'en Nico. Nun laufen Sie auf einem Schotterweg zwischen terrassierten Olivenhainen hindurch. In der Rechtskurve nehmen Sie den kleinen Abkürzungspfad geradeaus und gehen nach 40 m rechts. Hier ist das Zwischenziel, der Mirador de ses Barques, schon ausgeschildert.

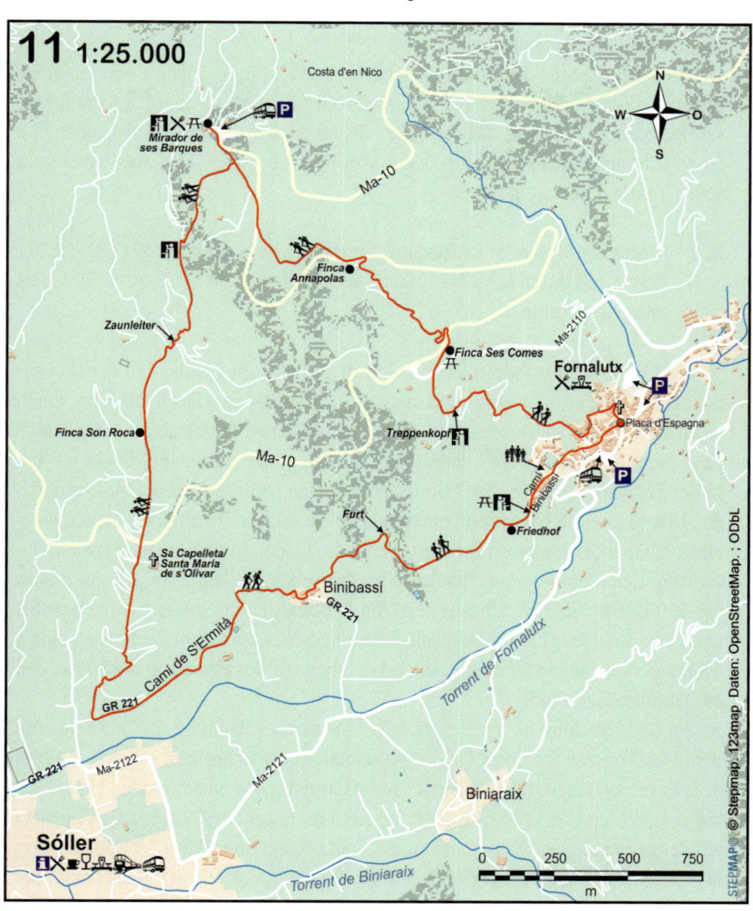

Hinter einem kleinen Häuschen halten Sie sich rechts und laufen neben dem Zaun bis zu einer Mauer, dort rechts weiter neben dem Zaun bergauf zur Zufahrt der **Finca Annapolas**. Auf der Zufahrt wandern Sie rechts zur Ma-10, der Sie für

100 m nach links folgen. Steigen Sie die Stufen rechts im Hang hinauf. Sie laufen nun auf einem Pfad bis zu einem Wirtschaftsweg, dem Sie nach links wieder zur Ma-10 folgen. Dann laufen Sie rechts etwa 100 m am Straßenrand, biegen links in den Schotterweg ein und gehen nach 30 m geradeaus zwischen den Mauern bis zu einer **Weggabelung**.

Dort führt später der Rundweg links bergab Richtung Sóller, doch zunächst gehen Sie rechts durch das Törchen noch etwa 200 m bis zum **Mirador de ses Barques**. Von der Terrasse des Ausflugslokals haben Sie einen schönen Blick hinab zur Bucht von Port de Sóller. Der Aussichtspunkt selbst wurde 1961 gebaut.

Restaurant Mirador de ses Barques, Carretera Lluch 45, Sóller, ☏ 971 630 792, 971 631 904, täglich außer Mo 10:00 bis 18:00, So außerdem 19:00 bis 22:00, Jan bis März geschlossen

Nach Ihrer Rast wandern Sie die 200 m zurück zum Törchen an der Weggabelung und laufen nun geradeaus bergab Richtung Sóller. Der Pfad führt durch einen stillen Wald mit Felsen. Am Zaun entlang gehen Sie hinab zu einem Fahrweg, diesem folgen Sie nach links und genießen einige schöne Blicke ins Tal. In der Rechtskurve laufen Sie geradeaus und dann rechts von dem Fincator durch das Holztörchen. Sie wandern zunächst an einer Mauer entlang und biegen einer Holzpfahlmarkierung folgend scharf rechts ab. Dabei durchqueren Sie einen Olivenhain, den Sie über eine Zaunleiter wieder verlassen. Um etwa 3 m nach links versetzt queren Sie den Schotterweg. Am Ende des Pfades gehen Sie nach rechts und nach 5 m (vor einem Zaun) links Richtung Sóller auf einem Pfad bis zu einem Teerweg. Nun biegen Sie rechts ab und nehmen vor der **Finca Son Roca** links den bergabführenden Pfad.

An der Gabelung folgen Sie links dem Wegweiser Richtung Sa Capelleta. Auf dem Pfad kreuzen Sie einen Fahrweg zweimal, weiter unten wird er noch zweimal in Spitzkehren tangiert, bevor Sie die Ma-10 queren. An einem großen Holzkreuz auf der rechten Wegseite erreichen Sie die links liegende ✞ Kapelle **Sa Capelleta** auf dem Gelände des ✞ Nonnenklosters Santa Maria de s'Olivar (Sommer täglich 9:30 bis 20:30, Winter täglich außer Mo 9:30 bis 17:30, manchmal aber auch an anderen Tagen ohne erkennbaren Grund geschlossen).

Der Pfad führt wieder an der Mauer bergab und streift eine weitere Spitzkehre. Sie kreuzen dreimal einen Schotterweg, beim vierten Mal folgen Sie ihm für 90 m nach rechts, um nun wieder links auf einem Abkürzungspfad weiterzuwandern und den Schotterweg erneut zu kreuzen. An dem Wegweiser gehen Sie rechts Richtung Sóller und erreichen den nordöstlichen Ortsrand.

Hier verläuft auch der GR 221, dem Sie nach links folgen. Auf dem Teerweg laufen Sie in Richtung Binibassí und Biniaraix bis zu einer Gabelung, dort wandern Sie geradeaus auf dem Camí de S'Ermità weiter. Der Weg ist weiß-rot gekennzeichnet. An der T-Kreuzung nehmen Sie den nach links führenden Schotterweg und wandern bergauf zu einem Tor. Dahinter führt der Schotterweg als gepflasterter Treppenweg an Zitronengärten entlang zu einem breiteren Weg. Auf diesem erreichen Sie den kleinen Weiler **Binibassi**.

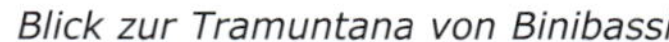

Blick zur Tramuntana von Binibassi

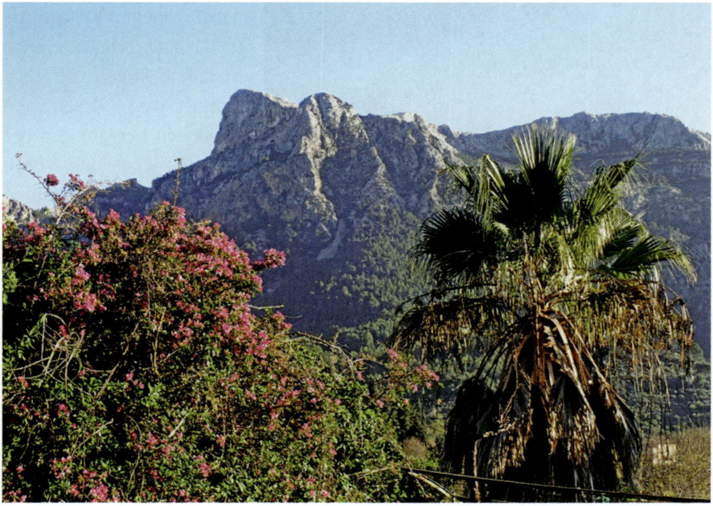

Hochkarätige Wanderung

Aufmerksame Wanderer werden schon auf den ersten Kilometern gemerkt haben, dass diese Rundwanderung auf alten Wegen mit stark gemischtem Baumbestand verläuft. Neben klassischen Waldbäumen wachsen überall auch Nutzbäume wie der Johannisbrotbaum. Seine Schoten und Samen liegen bei Wanderungen im Herbst und Winter vielerorts auf den Wanderwegen. Sein aromatisch-süßes Fruchtfleisch wird zu Saft, Likör und Johannisbrotmehl verarbeitet. Wussten Sie, dass außerdem die Samenkörner des Johannisbrotbaums zum Auswiegen von Diamanten genutzt wurden? Lassen Sie sich aber nicht erzählen, dass jeder Samen exakt dasselbe Gewicht hat. Durchschnittlich wiegen alle Samen etwa 200 Milligramm, und zwar mit den gleichen Abweichungen wie bei Samen anderer Baumarten. Aber man kann eine Abweichung von nur 5 % vom Durchschnittsgewicht mit bloßem Auge sehr gut erkennen und konnte deshalb mit den Samen schon in der Antike sehr exakt wiegen.

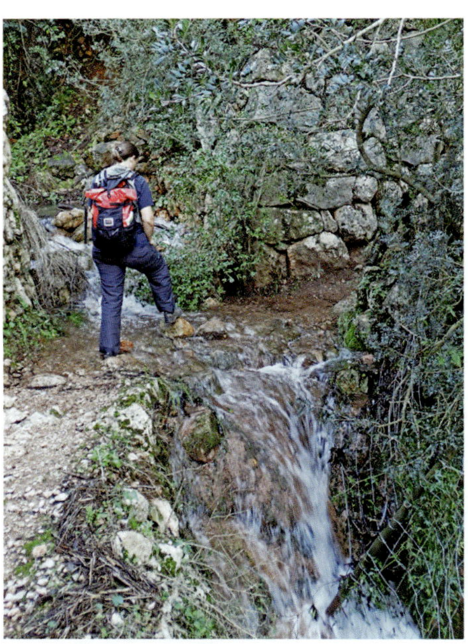

Furt zwischen Binibassi und Fornalutx

An der Viehtränke verlassen Sie den rechts wegführenden GR 221 und steigen links die Stufen neben einem Orangengarten hinauf. Hinter einem Metalltor folgen Sie dem Schotterweg durch ein Wäldchen bergauf. An der nächsten Gabelung gehen Sie nach rechts, laufen durch ein Metalltor, steigen eine Treppe hinab und erreichen einen Bach, der von der Quelle **Font de Binibassi** gespeist wird. Im Sommer ist er nur ein schmales Rinnsal, im Winter müssen Sie in der Furt mit nassen, kalten Füßen rechnen. Der Weg führt zunächst als Waldweg, später geteert bergab zu einer Gabelung. Dort nehmen Sie den halb rechten Weg, passieren den Friedhof und erreichen kurz darauf eine Sitzbank mit schönem Blick auf das Bilderbuchdorf Fornalutx.

Nun wandern Sie immer geradeaus auf dem Camí Binibassi nach Fornalutx hinein, passieren einen Spielplatz und folgen geradeaus der Carrer Joan Alberti Arbona. Gehen Sie halb links und nach 20 m nach rechts. Auf der Carrer de sa Placa kommen Sie zurück zum Startpunkt.

12 Vom Cúber-Stausee zum Puig de l'Ofre

Für gemischte Wanderteams

Nicht immer passen gemeinsam reisende Wanderer vom Leistungsstand zusammen. Diese Rundwanderung bietet Ihnen die Gelegenheit, einen Wandertag zum Teil gemeinsam zu verbringen. Der erste Teil der Wanderung führt flach am Cúber-Stausee entlang und einen breiten Schotterweg hinauf zum Coll de l'Ofre. Während nun die jüngeren und gemütlicheren Wanderer einfach etwas länger das Panorama am Pass genießen und langsam wieder den Rückweg antreten, besteigen die Bergfreunde den Gipfel des Puig de l'Ofre. Am Ende treffen sich alle wieder am Stausee. Die Strecke verläuft am See durch unbeschattetes Gelände, Auf- und Abstieg führen durch den Wald.

Start/Ziel: an der Ma-10 bei km 34, GPS N 39°47.231' E 002°47.825'

12,1 km ● (ohne Gipfel: 8,5 km ●, nur Stausee: 4,3 km ●)

4 Std. 30 Min.

364 m/364 m

741-1.091 m

bis zum Coll de l'Ofre Markierungen des GR 221

Rucksackverpflegung

Rastplatz am Refugi (km 10,3), Steine in Sitzhöhe überall am Wegesrand

GC40MWR dinos second: Embassament de Cúber, Tradi; GC49XC6 Enjoy the view to Soller, Tradi; GC454ZN Little Rast N°2, Tradi; GC1A9BD L'Ofre, Tradi

Einfache Wanderung bis zum Pass, hinauf zum Gipfel sollten sich nur vollkommen trittsichere und schwindelfreie Kinder wagen.

Eine verkürzte Tour nur um den Stausee ist auch mit dem Buggy möglich, dieser muss am Ende des Sees nur an einer Furt und für eine Handvoll Stufen angehoben werden. Der Pass ist mit Buggy nicht zu erreichen, weil die Touristen hinter dem Hof Binimorat statt über den früher leicht zu laufenden Schotterweg nun über einen holprigen Trampelpfad geführt werden.

Rund um den Stausee besteht Leinenpflicht. Der Weg zum Gipfel ist so steil, dass Hunde mehrfach gehoben werden müssen. Bitte Wasser mitnehmen.

P drei Parkplätze an der Ma-10 bei km 34 (im Sommer ab dem späten Vormittag überfüllt)

Bushaltestelle Cúber, Linie L354 von Can Picafort, Alcúdia und Port de Sóller (nur im Sommer, Mo bis Sa 2x täglich)

☺ An diesem Parkplatz beginnt die knapp 12 km lange Rundwanderung um das Tossals-Verds-Massiv. Dafür wandern Sie auf dem GR 221 bis zum Refugi de Tossals Verds und haben dort die Wahl, eine schwierige Strecke mit Kletterpassagen (zum Teil mit Drahtseil gesichert) über den Coll de sa Coma des Ases oder eine leichtere Strecke durch die Tunnel der Wasserleitung zum Stausee zu laufen.

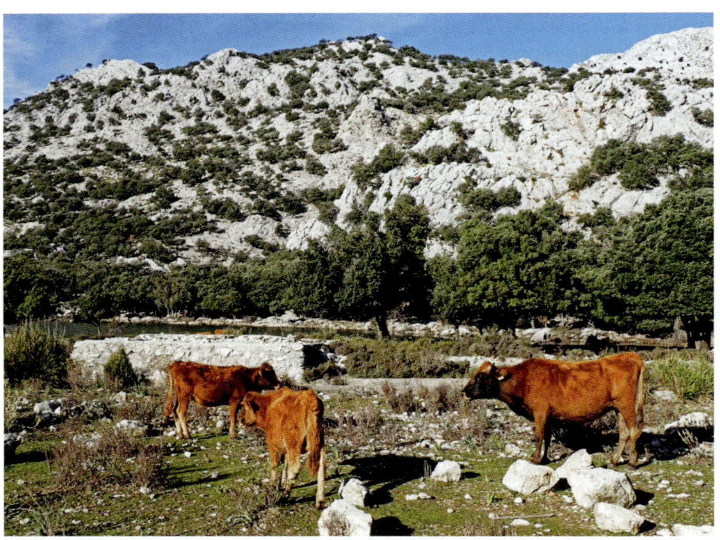

Hochtalidylle am Startpunkt

Am **P** Parkplatz des Cúber-Stausees gehen Sie durch das Törchen neben dem Metalltor und folgen dahinter dem nach rechts führenden Weg. Hier verläuft auch der GR 221, dessen weiß-roten Markierungen Sie die nächsten 4,3 km, also bis zum Pass (Coll de l'Ofre), folgen können. Dazu nehmen Sie an der nächsten Gabelung den rechten Weg und wandern nun mit Blick über den Stausee. Links hinter dem See erhebt sich der Puig sa Rateta (⇧ 1.113 m), rechts ist die große weiße Kugel der Radarstation des Puig Major (⇧ 1.436 m) zu sehen. Der höchste Berg Mallorcas kann leider nicht erklommen werden, denn er wird vom spanischen Militär genutzt.

An der nächsten Gabelung laufen Sie links über den Damm und wandern auf dem **Seerandweg** 🌐 bis zum südwestlichsten Zipfel des Sees. Nun sind hinter dem unbewaldeten Puig sa Rateta auch der Puig de na Franquesa (⇧ 1.067 m) und der fast bis zum Gipfel bewaldete Puig de l'Ofre (⇧ 1.091 m) zu sehen. Die

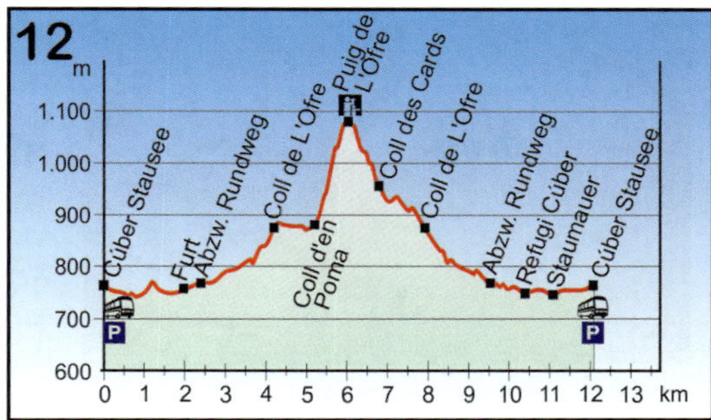

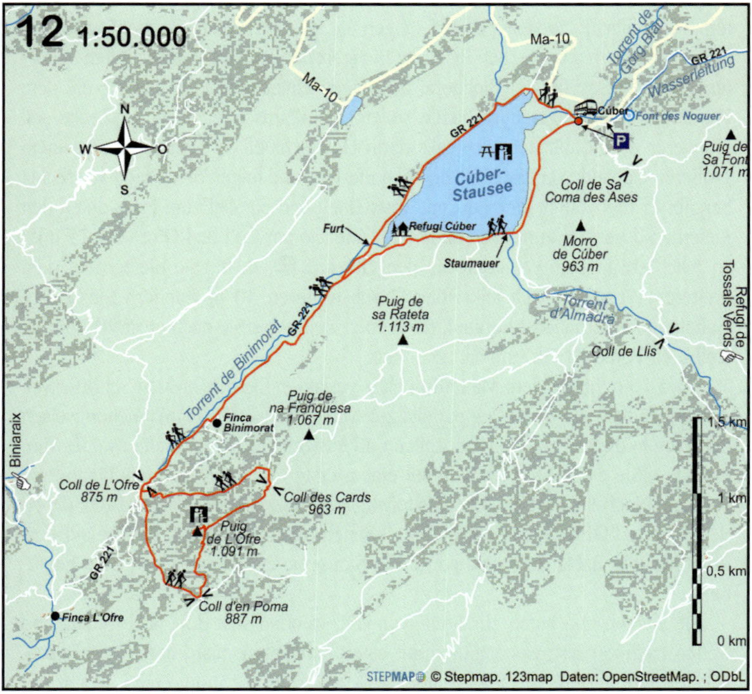

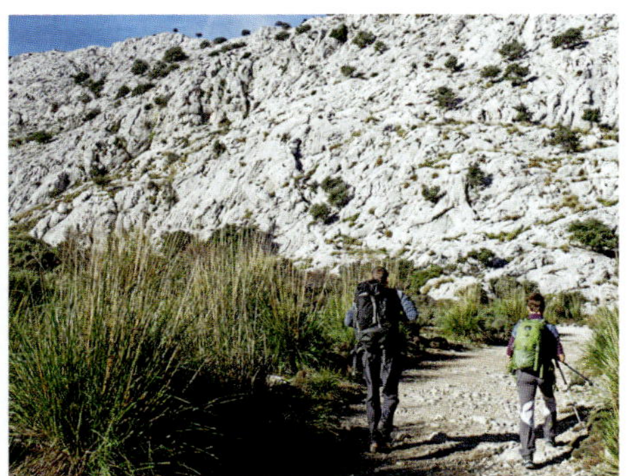

Der Weg durch das Binimorat-Tal

Einheimischen nennen diese drei Berge auch liebevoll Tres Millos (Drei Tausender). Der Weg führt durch eine Furt mit Trittsteinen auf die andere Seite des **Torrent de Binimorat**. An der nächsten Gabelung gehen Sie noch geradeaus auf dem Weg parallel zum Bach weiter bis zu einem Metalltor. Hier führt später der Rückweg (und jetzt schon der Buggyrundweg) links die fünf Stufen hinauf, zunächst einmal steigen Sie aber geradeaus die drei Stufen hinauf, gehen durch das Törchen Richtung Biniaraix und laufen auf dem breiten Schotterweg durch das Tal von Binimorat an einigen **Einfachgebäuden** vorbei, die dem Weidevieh Witterungsschutz bieten sollen. Ein Warnschild mit einer Zecke soll Wanderer davon abhalten, ebenfalls darin Unterschlupf zu suchen. Hinter einem größeren Gebäude verlassen Sie den Schotterweg und folgen dem Pfad nach rechts bergab. Er führt durch eine Furt mit Trittsteinen und parallel zum Bach durch den Kiefernwald bergauf zum Creu de la Pali Fundacio am **Coll de l'Ofre** (⇧ 875 m).

Nach etwa 50 m verlassen Sie den GR 221 🌐, d. h., Sie bleiben auf dem breiteren Weg, der nach links führt. Nach weiteren 30 m wandern Sie an der Gabelung links zunächst bergauf, dann eben weiter, bis Sie nach etwa 900 m den **Coll d'en Poma** (⇧ 887 m) 🌐 erreichen.

Etwa 10 m hinter dem Mauerdurchlass verlassen Sie den breiten Schotterweg und gehen links auf dem Weg parallel zur Mauer bergauf. Steinmännchen weisen den Weg in diesem zunehmend steilen und felsigen Gelände. Nach etwa 30 Min. erreichen Sie eine Steinpyramide mit einem ersten schönen Ausblick hinab zum Stausee. Nach links ist ein letztes Steilstück zu überwinden, dann ist der Gipfel des **Puig de l'Ofre** 🌐 erreicht und Sie können traumhafte Ausblicke auf Port de Sóller, die Bahia de Palma sowie die Stauseen Cúber und Gorg Blau genießen.

Sie steigen nun hinab zur Steinpyramide, wenden sich dort nach rechts und treffen nach ein bis zwei Minuten auf einen markanten, blau markierten **Felsen**. Hier biegen Sie links ab, folgen also der Markierung Richtung Frana, womit der

Nachbargipfel Puig de na Franquesa gemeint ist. Steinmännchen helfen auch hier ein wenig bei der Orientierung. Auf einem Plateau mit einem Blick nach rechts zum Puig d'Alaró (☞ Tour 13) laufen Sie links auf den Strommast zu. Eine kleine Kletterpassage führt hinab zu einer Mauer am Coll des Cards (⇧ 963 m). Hier baut sich der Gipfel des na Franquesa vor Ihnen auf, Sie biegen links ab, laufen durch die Mauerlücke und auf einem Pfad bergab. Am Ende des Steilstücks gehen Sie nach rechts und auf der Freifläche links auf dem Grasweg in den Wald. Der Weg führt sanft bergauf und bergab zurück zum Coll de l'Ofre.

Dort biegen Sie rechts ab (GR 221) und laufen auf dem Hinweg zurück bis zu dem Tor am Stausee, wo Sie dieses Mal aber den GR 221 verlassen und rechts auf dem anderen Seerandweg das Refugi Cúber (verschlossen) passieren. Der breite Weg führt über die Staumauer und dahinter links weiter (der Pfad rechts führt zum Refugi Tossals Vends). Er entfernt sich etwas vom Stausee und endet an dem Tor, an dem die Wanderung begann.

Blick vom Gipfel des Puig de l'Ofre hinab zum Cúber-Stausee

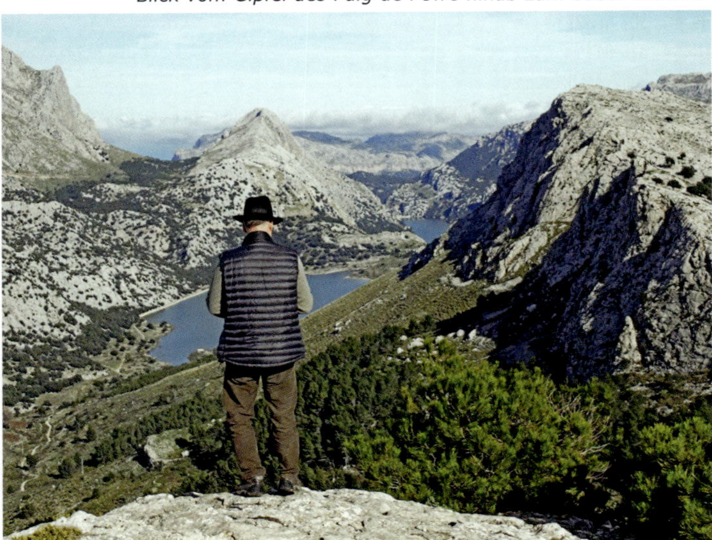

13 Auf Treppenwegen zum Puig d'Alaró

Für Liebhaber alter Bauten

Der markante Fels Puig d'Alaró am südlichen Rand der Tramuntana bietet einen bezaubernden Blick hinab nach Alaró und über die Weite der Ebene Es Pla bis zu den Bergen des Llevant. Kein Wunder, dass auf dem Gipfel Spuren aus römischer und arabischer Zeit ebenso zu finden sind wie eine Burgruine und eine Einsiedelei. Wer alte Bauwerke mag, wird daher an diesem kleinen Rundweg seine Freude haben. Der Weg führt etwa zu zwei Dritteln durch den schattigen Wald.

Start/Ziel: am Restaurant Es Verger, GPS N 39°43.752' E 002°47.306'

5,3 km

2 Std.

307 m/307 m

516-814 m

keine Markierungen

Restaurant Es Verger am Start/Ziel, Café im Refugi auf dem Puig d'Alaró (km 3)

Rastgelegenheiten auf dem Puig d'Alaró (km 3)

GC2RY7G Al' alaro, Tradi; GC2PT9H Camacho's 2 (Castillo de Alaró), Tradi; GC1Q4N1 Alaro – the rock, Tradi; GC3V2HZ Castell d'Alaró, Rätsel-Cache

Die Wanderung ist nicht schwierig und bietet Caches, eine Kapelle und eine Burgruine.

Mit dem Buggy kommen Sie bis zum Beginn des Treppenweges. Auf diesem müssen anfangs einzelne Stufen, später auch mitunter einige Stufen hintereinander überwunden werden.

Hunde können ohne Leine laufen, allerdings verläuft ein Stück des Weges ganz am Ende auf der Zufahrtsstraße. Wasser gibt es nur im Restaurant am Startpunkt und im Café an der Burg.

P Parkmöglichkeit auf dem Parkplatz unterhalb des Restaurants und am Straßenrand weiter unten

Bushaltestelle Alaró, Linien L320 (Mo bis Fr 3x stündlich, Sa und So stündlich) und L321 (3x täglich) von Consell (dorthin verkehrt die Bahn von Palma Richtung Inca)

Vorsicht auf dem Burggelände, die Felswand fällt am Plateau ungesichert ab!

☺ Unmotorisierte oder besonders motivierte Wanderer starten in Alaró und laufen gut 4 km die Zufahrtsstraße hinauf. Diese ist allerdings vormittags und nachmittags stark von Autos der Ausflügler, tagsüber außerdem noch von Radlern frequentiert. Das birgt ein erhöhtes Unfallrisiko.

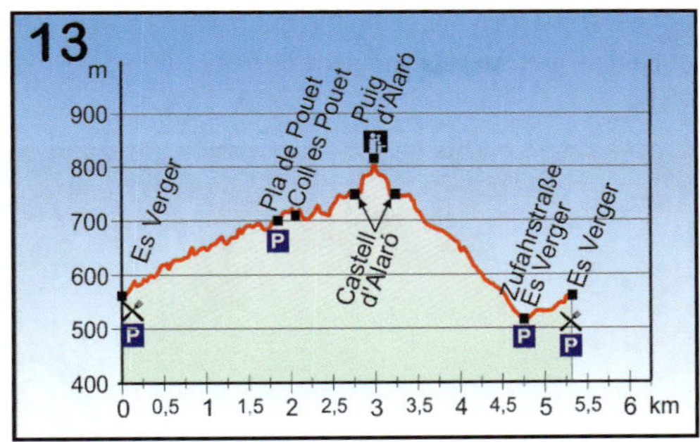

Am urigen ✕ Restaurant **Es Verger** laufen Sie in der Verlängerung der Zufahrtsstraße auf dem Schotterweg leicht bergauf. Nach 100 m biegen Sie scharf rechts Richtung Orient/Castell ab. Der Weg führt in vielen Bögen bergauf. Im Herbst bremsen die am Wegesrand wachsenden süßen Baumerdbeeren den Lauf, wenn Sie ein Leckermäulchen dabeihaben.

Erdbeerbäume

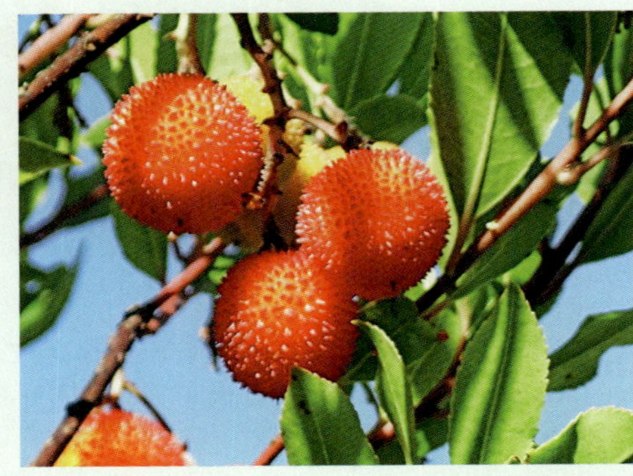

Baumerdbeeren

Bei Wanderungen im Spätherbst und Winter werden Ihnen auf Mallorca allerorts die Bäume mit den orangeroten, runden Früchten auffallen, die im lichten Fichten- oder Steineichenwald oder in der Macchia wachsen. Optisch ähneln die Früchte Litschis, sie sind aber beim Naschen unkomplizierter, denn die Schalen der Baumerdbeeren werden mitgegessen und sie haben auch keine Steine. Der Geschmack ist Litschis und Erdbeeren ähnlich, aber etwas mehliger. Reif sind die Beeren, wenn sie weich und rot sind.

Im Frühjahr und Sommer erkennen Sie Erdbeerbäume an den ledrigen, glänzenden, länglichen, dunkelgrünen Blättern. Ableger in der Heimat selbst zu ziehen ist nur dann eine gute Idee, wenn Sie in einer Region mit milden, regenreichen Wintern leben. Frost und Trockenheit lassen sie verkümmern und eingehen.

Hinter einer Felswand erreichen Sie einen Platz, der zuweilen als Parkplatz von geländegängigen Autos und Motorrädern genutzt wird. Dessen Zufahrt kommt von Orient herauf und ist in einem noch schlechteren Zustand als die Zufahrt von Alaró. Sie wandern hier den nach halb rechts führenden Treppenweg hinauf.

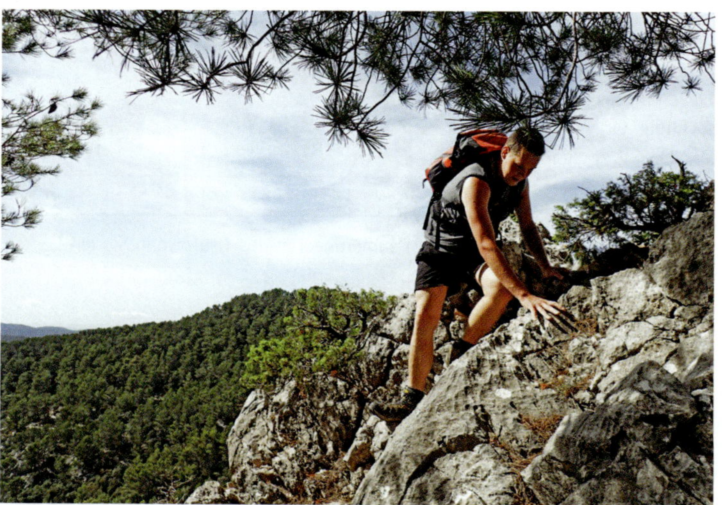

Geocachen am Coll es Pouet

An einer Engstelle zwischen den Felsen des **Coll es Pouet** (⇧ 707 m) sollten cachende Familien das schwindelfreiste und trittsicherste Mitglied losschicken, besonders nach Regenfällen.

Hinter diesem Felsdurchlass verläuft der Treppenweg zunächst wieder leicht bergab, um Sie darauf wieder bergauf zum GR 221 zu leiten. Nach rechts führt später Ihr Abstiegsweg, nun folgen Sie aber zunächst dem Treppenweg scharf nach links bergauf. Sie erreichen das untere Burgtor, schreiten hindurch und wandern weiter bergauf. An den Resten eines Burgturms gehen Sie noch weiter geradeaus, dann erreichen Sie die Höhe des **Puig d'Alaró** (⇧ 821 m) mit einer großen Aussichtsterrasse, einem Café, einem Refugi für GR-221-Wanderer und der

✞ Ermità Nostra Senyora del Refugi (auch: Ermità de la Mare de Déu del Refugi). Die 1622 gebaute Kapelle der Einsiedelei mit ihren zahlreichen Votivgaben darf betreten werden. Hier werden auch die Rippen zweier Märtyrer, die von König Alfons III. von Aragon bei lebendigem Leib aufgespießt und gegrillt wurden, als Reliquien verehrt. Die Geistlichen erbitten sich ausschließlich religiös motivierte Besuche in angemessener Kleidung und Lautstärke.

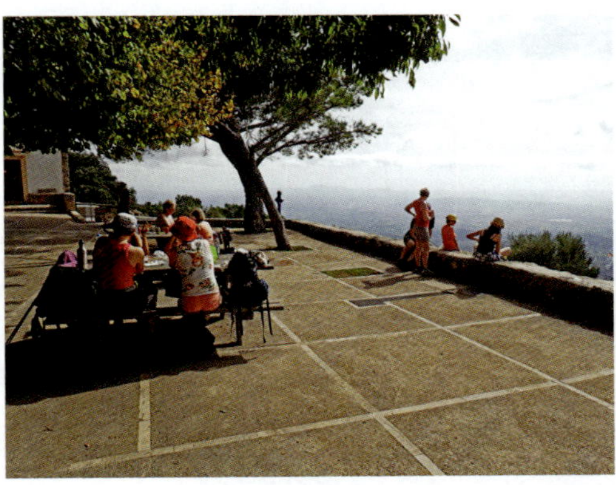

Aussichtsterrasse auf dem Puig d'Alaró

Castell d'Alaró

Anhand der Burganlage auf dem Puig d'Alaró lässt sich erstklassig die wechselvolle Geschichte Mallorcas verstehen. Erste archäologische Funde wurden schon auf die Bronzezeit datiert, später diente der Berg den Römern als Beobachtungs- und Sicherungsposten. Erste schriftliche Aufzeichnungen belegen, dass es bei der Besetzung Mallorcas durch die Sarazenen im Jahr 902 schon eine gut ausgebaute Wehranlage gegeben haben muss. Immerhin bissen sich die maurischen Angreifer über acht Jahre lang die

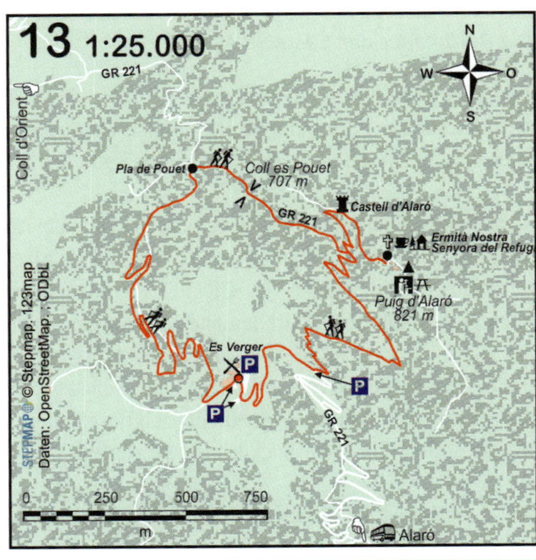

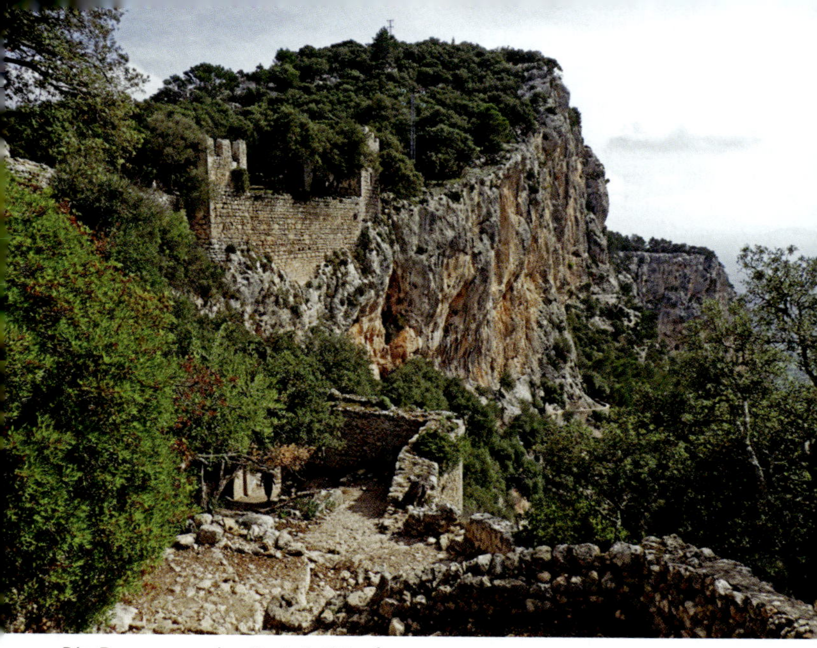

Die Burgmauer der Castell d'Alaró

Zähne daran aus. Auch die Aragoneser hatten im 13. Jahrhundert ihre Mühe mit der Eroberung der Burg. Im 15. Jahrhundert wurde sie aufgegeben, diente aber bei einer Pestepidemie 1564 noch als Quarantänestation.

Laufen Sie nun durch die Burgruine zurück zum Treppenweg, diesem folgen Sie bergab. Wenn von hinten rechts der Aufstiegsweg kommt, halten Sie sich geradeaus an die Schilder des GR 221 Richtung Alaró. Sie wandern nun durch einen großen **Olivenhain**, treffen nach einigen Serpentinen auf die Zufahrtsstraße von Alaró nach Es Verger und folgen ihr rechts bergauf zurück zum Startpunkt am ✕ Restaurant **Es Verger.** Je nach Lebenseinstellung werden Sie das Gasthaus als rustikal, schmuddelig oder authentisch bezeichnen. Selbst wenn Sie nicht einkehren, sollten Sie einen Blick ins Innere werfen.

✕ Restaurant Es Verger, Camino Castell 143, ☏ 971 182 126, 13:00 bis 21:00, Okt/Nov bis 20:00, im Sommer oft schon ab morgens

14 Durch die Wälder um das Santuari de Lluc

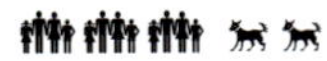

Für einen abwechslungsreichen Tagesausflug

Die Wanderung um das Santuari de Lluc ist einer der Klassiker für Mallorca-Wanderer. Hier lässt sich ein Besuch der absolut sehenswerten Wallfahrtskirche mit einer mittelschweren Wanderung durch abwechslungsreiche Landschaft verbinden. Der Weg führt durch schattige Steineichenwälder mit Aussichtspunkten, Höhlen und bizarren Kalksteinformationen.

- Start/Ziel: Information am Parkplatz des Santuari de Lluc, GPS N 39°49.208' E 002°53.047'
- 11,1 km
- 3 Std. 30 Min.
- 281 m/281 m
- 477-695 m
- zum Teil Markierungen des GR 221
- Restaurante Ca s'Amitger am Start/Ziel, weitere Einkehrmöglichkeiten am Kloster (km 10,8) und am Refugi Son Amer (km 1,4, nur Getränke)
- Gelegenheiten für eine Rast auf Sitzbänken und Rastplätzen am Refugi Son Amer (km 1,4) und am Kloster (km 10,8)
- GC59RW7 Mallorca Natur, Wherigo; GC6WTR7 El guardián del Camino – der Wegwächter, Tradi; GC279NR Steinkamel – Camello de piedra – Stone Camel, Tradi; GC28D2J Karst, Cache and Camel (mallorca), Earthcache; GC3K0CX Santuari de Lluc, Tradi
- Die wegen ihrer Länge anstrengende Wanderung birgt keine besonderen Gefahrenstellen für Kinder. Geocaches und eine Höhle machen die Strecke interessant.
- Der felsige Untergrund ist mit Buggys nicht befahrbar.
- Bitte Wasser und eine Leine mitnehmen (mehrere Straßenquerungen und ein kurzes Stück am Straßenrand).
- Parkmöglichkeit auf bewachtem Parkplatz am Start/Ziel, kostenpflichtig
- Bushaltestelle Lluc, Linien L354 (nur im Sommer, Mo bis Sa 2x tägl.) und L355 (nur im Sommer, Mo bis Sa 1x tägl.) von Port de Sóller und Can Picafort/Alcúdia
- Ein weiterer Mallorca-Wanderklassiker beginnt ebenfalls in Lluc: Nur sonntags öffnet der Eigentümer der Finca Mossa sein Grundstückstor für Wanderer, die das Puig-Roig-Massiv umrunden wollen. Der Weg der 21,5 km (= mind. 6 Std.) langen

Wanderung ist im Sommer kaum zu verfehlen, folgen Sie einfach all den anderen Wanderern am Es Camell vorbei die Ma-10 hinauf über das Gelände der Finca Mossa um den Puig Roig und den Roca Roja herum.

An der Information Paratge Natural de la Serra de Tramuntana (9:30 bis 16:00) laufen Sie die Zufahrtsstraße hinab Richtung Ma-10, dabei orientieren Sie sich an den Schildern Richtung Refugi de Son Amer. Hier verläuft auch der GR 221. Nach 200 m steigen Sie rechts über die Leiter neben dem Tor und passieren auf einem breiten Wanderweg die **Mühle** von Lluc. Bei unserer Recherche im Herbst 2016 wurde sie saniert, wann die Bauarbeiten beendet sind, steht noch nicht fest. Neben einer Trockensteinmauer wandern Sie bergauf durch schattigen Wald, in dem selbst an Tagen mit hohem Wandereraufkommen Vogelgezwitscher zu hören ist. Sie erreichen ein Törchen und gehen dahinter an der Kreuzung mit der Infotafel geradeaus bergauf zum **Refugi Son Amer**.

Refugi Son Amer

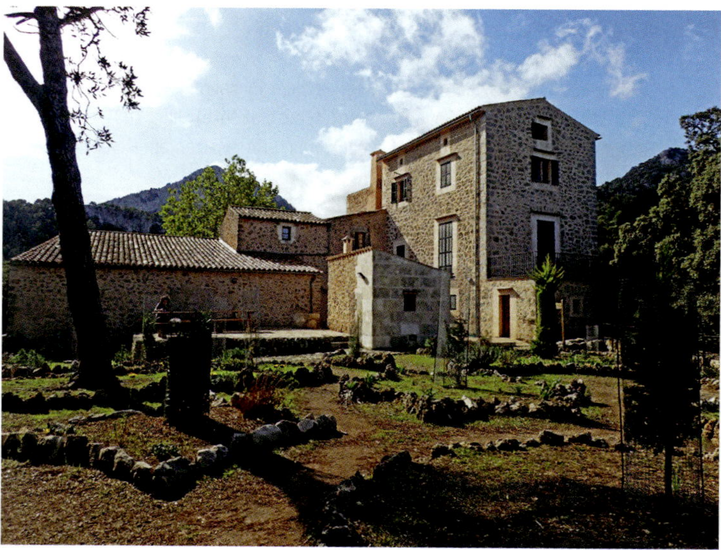

Laufen Sie dort den Pflasterweg bergab durch die Mauerlücke und unterhalb des Refugi-Gebäudes Richtung Pollença (GR 221). Unten an dem Schottersträßchen wandern Sie links Richtung Binifaldó (GR 221). Vor dem Parkplatz gehen Sie nach rechts und am Ende des Parkplatzes links zur Straße Ma-10. Unmittelbar davor biegen Sie rechts ab und folgen dem Pfad parallel zur Straße. Nach etwa 100 m laufen Sie links durch das Törchen, überqueren die Straße und gehen geradeaus durch das nächste Törchen. Dahinter wandern Sie nach rechts, zunächst wieder parallel zur Straße. Auf Höhe eines Tors folgen Sie dem Weg nach links und gehen 30 m weiter rechts über eine kleine Steinbrücke. Dahinter halten Sie sich halb links und laufen bergauf bis zum oberen Feldrand. Dort nehmen Sie die rechte Mauerlücke und wandern dahinter bergauf bis zu einer T-Kreuzung, wo Sie links weitergehen. Nach 20 m laufen Sie an der Kreuzung geradeaus. Der Weg führt in Bögen durch den Wald, Holzpfosten mit weiß-roten Streifen helfen bei der Orientierung.

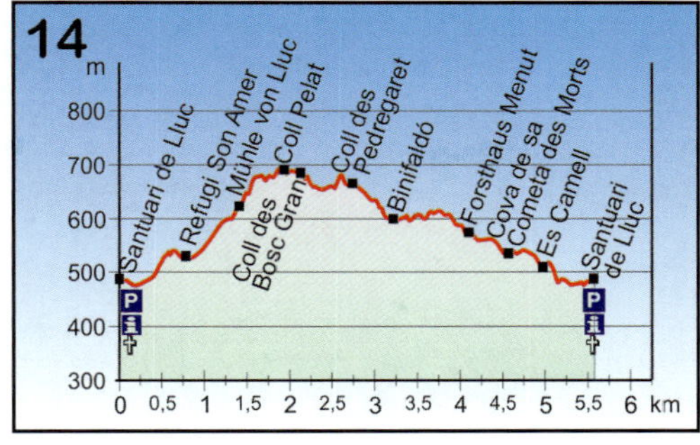

An der fast ganzjährig trockenen Quellfassung der **Font de s'Ermità** nehmen Sie den Weg nach links bergauf, an der Abzweigung halten Sie geradeaus auf eine verfallene Mauer zu. An der nächsten Kreuzung ist ein kurzer ⇘ Abstecher nach links zu einem Aussichtspunkt („Mirador") möglich. In nur 160 m Entfernung haben Sie einen prächtigen Blick auf das Santuari de Lluc und das Refugi Son Amer. Wieder zurück am eigentlichen Weg gehen Sie nach 5 m nach rechts und nach 100 m an einer Gabelung erneut nach rechts. Nach weiteren 70 m steigen Sie auf der Leiter über den Wildzaun am **Coll Pelat** (⇧ 687 m). An der nächsten Gabelung wählen Sie den linken Weg. Sie laufen nun durch ein Waldstück mit wilder Felsenlandschaft, in dem viele Singvögel leben und musizieren.

An der kommenden Gabelung gehen Sie nach rechts, steigen also nicht bergab. Erst hinter der Mauerlücke am **Coll des Bosc Gran** (⇧ 691 m) geht es rechts bergab. Wenn dieser breite Forstweg eine deutliche Rechtskurve macht, nehmen Sie den nach halb links führenden, kaum auszumachenden Pfad. Er führt weiter durch raue Felslandschaft bis zu einer Mauerlücke. Etwa 100 m dahinter erreichen Sie eine Mauer, die Sie überklettern müssen, um die dahinterliegende Teerstraße

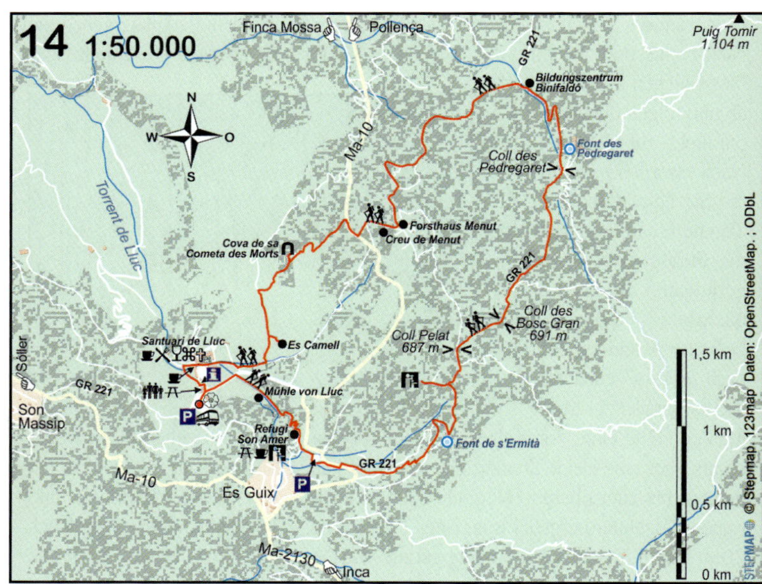

zu erreichen. Dieses Ende einer Sackgasse entpuppt sich bei einem Blick auf das rostige Schild mit der Aufschrift „Agua Binifaldó" als Zufahrt zu einer ehemaligen Mineralwasserfabrik.

Folgen Sie dem Teerweg bergab. Ein ↳ Abstecher nach rechts zur Quelle **Font des Pedregaret** lohnt sich nicht, sie ist fast ganzjährig trocken und führt ohnehin kein Trinkwasser.

Der Teerweg bringt Sie hinab zum **Bildungszentrum Binifaldó**. Hier zweigt der GR 221 nach rechts ab, der Rundweg setzt sich nach links auf dem Teerweg fort. Er führt leicht bergauf und passiert ein Wasserbecken sowie einige bizarre Felsen. Am Forsthaus Menut gehen Sie durch das Tor und weiter auf dem Teerweg bergab. Dabei passieren Sie das Kreuz **Creu de Menut** und einen Kalkofen.

Sie treffen auf die Ma-10 und folgen ihr an einer Felswand entlang für etwa 100 m nach rechts zu einem Schotterweg, auf dem Sie nach links bergab gehen. Am Ende einer ebenen Fläche ist rechts ein ↳ Abstecher zur **Cova de sa Cometa des Morts** möglich; dafür folgen Sie am besten den Pfosten mit der Nummer 4. Es heißt zwar wörtlich übersetzt „die Höhle des Kometen der Toten", aber dort geht man weder die Gefahr ein, von einem Kometen getroffen zu werden, noch riskiert man einen Toten zu sehen. Vielmehr wurden hier zu Beginn des 20. Jahrhunderts menschliche Knochen aus dem 4. vorchristlichen Jahrhundert gefunden. Damit Sie sich beim Abstieg zur Höhle nicht die Knochen brechen, sollten Sie auf glitschigen Untergrund gefasst sein und lieber eine Stirnlampe als eine Taschenlampe mit sich führen, damit Sie sich mit beiden Händen festhalten können. Wer sich am Ende des ersten Höhlenganges durch das niedrige Loch wagt, kann dahinter eine mehrere Meter hohe Höhle bestaunen.

An der Gabelung halten Sie sich links Richtung Lluc und laufen bis zu einem Köhlerplatz. Dort können Sie links einen ↳ Abstecher zum **steinernen Kamel** Es Camell 🌐, einer ungewöhnlichen Felsformation, machen, bevor Sie geradeaus (vom Kamel kommend links) bergab auf dem felsigen Weg zu einer Holzbrücke gehen. Dahinter laufen Sie rechts am Rand eines Sportplatzes entlang zu einem Teerweg, dem Sie nach rechts folgen. Nun wandern Sie über das Klostergelände ☕ ✕ 🍷 🌐 ⌘ ✞, dann links zurück zum Startpunkt.

✞ ⌘ Santuari de Lluc von 1230, ausgebaut im 17./18. Jahrhundert, 💻 www.lluc.net, ☺ Zielort einer jährlichen Wallfahrt am ersten Samstag im August

Es Camell, das steinerne Kamel

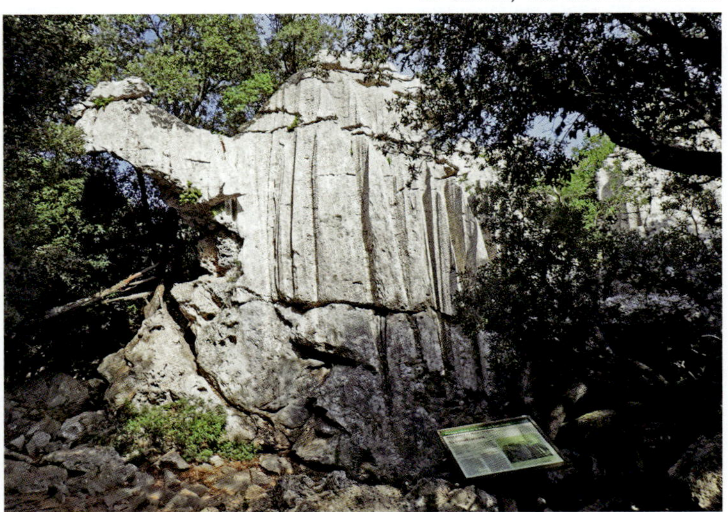

Der heilige Hain

Das Santuari de Lluc ist das spirituelle Zentrum der Insel, hier wird die Gottesmutter von Lluc, Mare de Déu de Lluc verehrt. Die Schwarze Madonna und das Santuari sind Ziel zahlreicher Pilger, Wallfahrer und Touristen. Sehenswert sind die prunkvoll ausgestattete Wallfahrtskirche mit der Madonna und der kleine botanische Garten Jardin Botánico de Lluc. Täglich tritt hier der älteste Kinderchor der Welt auf: Die Els Blauets wurden bereits 1450 gegründet.

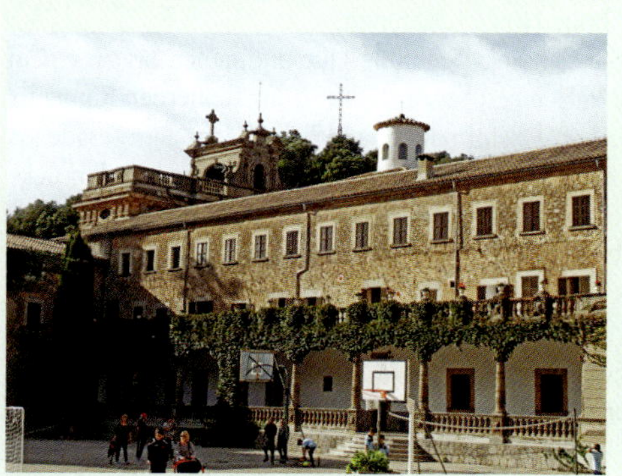

Santuari de Santa Maria de Lluc

Grabhöhlen und andere archäologische Funde belegen, dass schon im 4. vorchristlichen Jahrhundert in dem Hochtal ein Heiligtum existierte. Aus römischer Zeit stammt wahrscheinlich die Bezeichnung „lucus“, sie bedeutet „heiliger Hain“. Viel romantischer ist aber eine andere denkbare Namensherkunft. Die Gründung des heutigen Santuari geht nämlich auf eine Legende zurück, wonach ein Hirtenjunge namens Lluc (= Lukas) am Ufer eines Bachs eine schwarze Madonna gefunden haben soll. Er nahm sie mit zu seinen Eltern ins Tal und sie wurde in die Pfarrkirche von Escorca gebracht. Am nächsten Morgen war sie aber verschwunden und fand sich an der ursprünglichen Fundstelle wieder. So ging es einige Tage, bis der Junge dem Pfarrer vorschlug, sie doch einfach oben in den Bergen zu lassen, wenn sie sich dort wohler fühle. Also wurde am Fundort eine kleine Kapelle gebaut, das Santuari de Santa Maria de Lluc.

Bevor Sie in den Bus oder ins Auto einsteigen, können Sie auf dem Santuari-Gelände oder direkt am P Parkplatz einkehren.

Restaurante Ca s'Amitger, Plaza Peregrins 6, 07315 Lluc, ☎ 971 517 046, casamitger.es, 8:30 bis 23:00

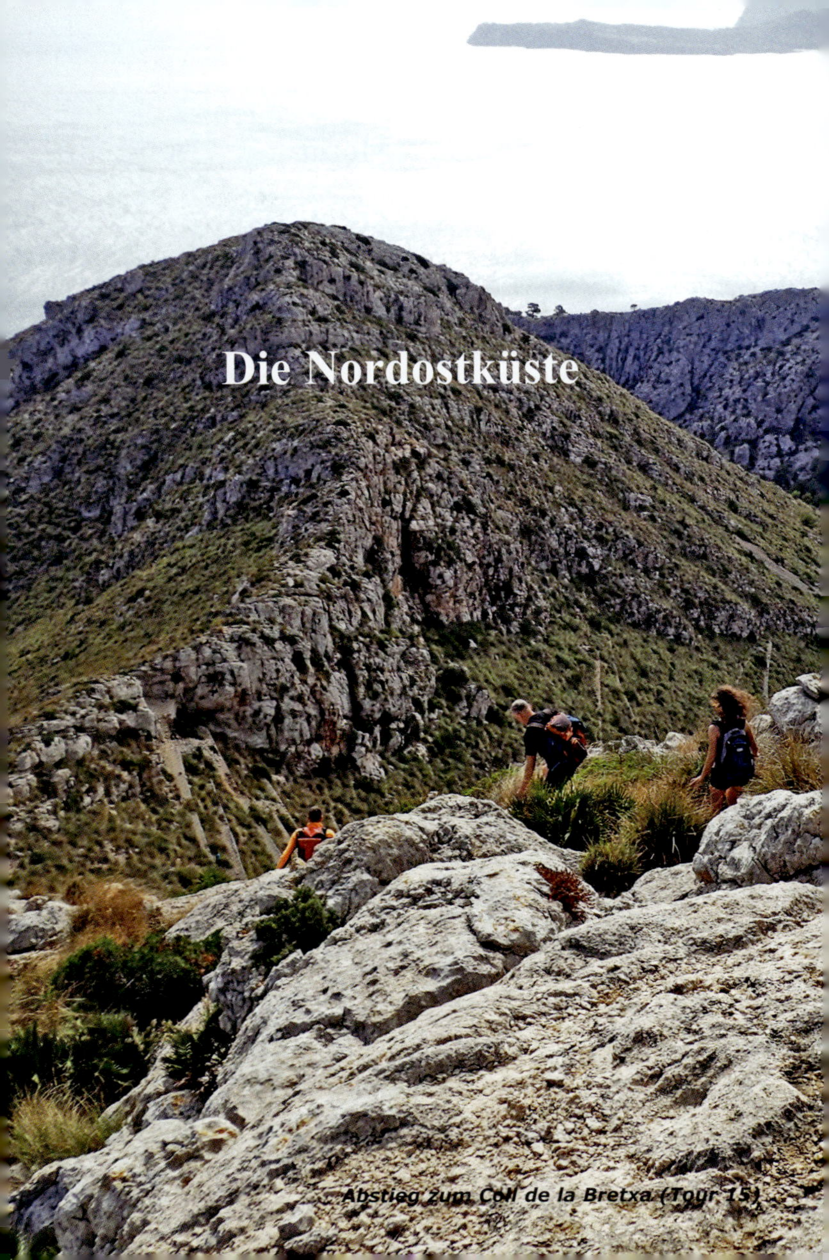

Die Nordostküste

Abstieg zum Coll de la Bretxa (Tour 15)

⑮ Auf den Leuchtturmwärterwegen Formentors zur Cala Murta

Für Liebhaber spektakulärer Ausblicke

Auf den alten Wegen der Leuchtturmwärter wandern Sie hinauf zum Coll de la Creu. Weglos erreichen Sie über ein Steilstück den Gipfel des Fumat, von dem Sie weit ins Tramuntana-Gebirge und bis nach Menorca sehen können. Der ebenfalls schwer auszumachende Abstieg führt zu einem weiteren Leuchtturmwärterweg, der Sie hinab ins Tal der Cala Murta führt. Nach einer erholsamen Pause in dieser Bucht führt eine sanft ansteigende Zufahrt zurück zum Start. „Treffpunkt der Winde“ heißt Formentor nicht ohne Grund, Sie sollten zu jeder Jahreszeit mit starken Winden rechnen. Die Wanderung ist der Sonne ausgesetzt, nur der Weg von der Cala Murta zum Ziel führt durch den Wald.

- Start/Ziel: nahe der Cala Figuera, Ma-2210, km 13, auf dem großen Parkplatz an der Infotafel und dem Schild „Camí de Cala Figuera“, GPS N 39°56.970’ E 003°10.327’
- 7,4 km
- 3 Std.
- 422 m/422 m
- 1-302 m
- keine Markierungen
- Rucksackverpflegung
- Rastplätze in der Cala Murta (km 4,5)
- Bademöglichkeiten an der Cala Figuera (Sand) nahe dem Startpunkt und an der Cala Murta (Kiesel, km 4,6)
- GC2FTGE El mirador en n° 13, Tradi; GC51EZ7 Stairway of secrets, Tradi; GC4RDYC Cala Figuera (Pollença), Tradi; GC5WBN5 Cala Murta, Tradi
- Die Wanderung ist nur für große Kinder mit alpiner Vorerfahrung geeignet.
- Die Strecke ist definitiv unpassierbar mit dem Buggy. (Damit ist nur die Zufahrt zur Finca Cala Murta befahrbar, falls das Buggyteam sich am Strand mit den Wanderern treffen möchte.)
- Gefährliche Straße am Start, einige Steilstücke sind nur für gämsenähnliche Hunde mit guter Sprungkraft gangbar. Bitte Wasser mitnehmen.
- Parkmöglichkeit am Start/Ziel, Vorsicht, der Grund ist sehr uneben!
- Die Linie 353 von Can Picafort/Alcúdia endet 5 km vor dem Startpunkt.

Zu Beginn führt der Weg kurz durch einen Tunnel, in dem Sie sich mit einer Taschenlampe oder Stirnleuchte sicherer fühlen werden, auch wenn Sie das Ende schon sehen können.

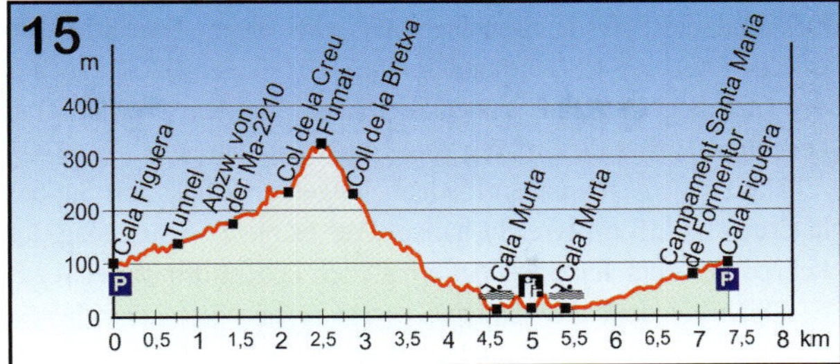

Zu Beginn dieser Runde verlassen Sie den **P** Parkplatz und folgen der Straße leicht bergauf. Nach links haben Sie schöne Blicke hinab zur Bucht Cala Figuera. Sie erreichen einen **Tunnel** 🌐. Bitte versuchen Sie nicht, die Treppe links neben dem Tunnel hinaufzusteigen, um den Tunnel zu umgehen und den Weg zum Pass abzukürzen. Das ist lebensgefährlich! Die Treppe wurde von den Bauarbeitern angelegt, die die Straße zum Leuchtturm bauten, ist aber inzwischen sehr verfallen.

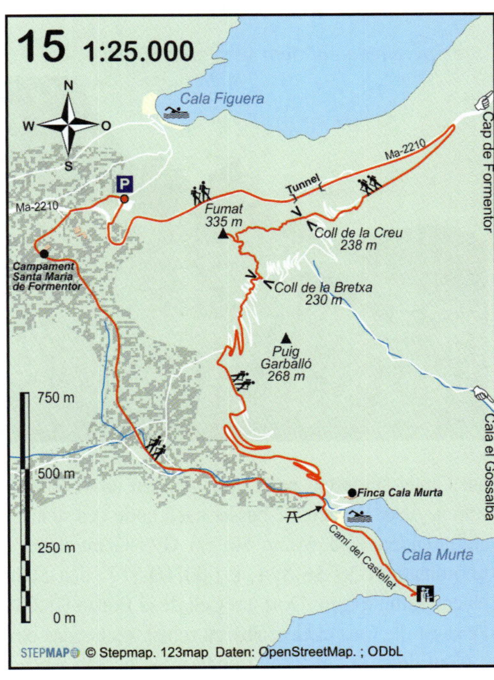

300 m hinter dem Tunnel, am Kilometerstein 3, führt ein Pfad scharf rechts in den Grashang. Ein Schild mit der Aufschrift „Finca Cala Murta, Propiedad Privada" weist darauf hin, dass Wanderer nur geduldet sind und die Wege und Pfade nicht verlassen sollen. Der Pfad führt stetig bergauf, zum Teil auf Mauerresten. Das sind die Befestigungsmauern des ehemaligen **Leuchtturmwärterweges**. Sie wurden Ende des 19. Jahrhunderts im Zickzack gebaut, um auch mit Lasteneseln den Coll de la Creu überwinden zu können. Vor dem Bau der Straße mussten die Leuchtturmwärter diesen Weg zum Leuchtturm laufen.

Halten Sie sich an allen Pfadgabelungen eher links, bis Sie den Pass **Coll de la Creu** (⇧ 238 m) erreicht haben. Wer es nicht so steil mag, folgt den langen Kehren des zum Teil noch gut erhaltenen Leuchtturmwärterweges.

Oben auf dem Pass halten Sie sich rechts, Steinmännchen weisen – mehr schlecht als recht – den Weg hinauf zum Gipfel des **Fumat** (⇧ 335 m). Wenn Sie ohne erkennbaren Weg vor einer Felswand zu stehen kommen, ist es linksherum leichter, den Gipfel zu erklimmen.

Steinpyramide auf dem Weg zum Fumat

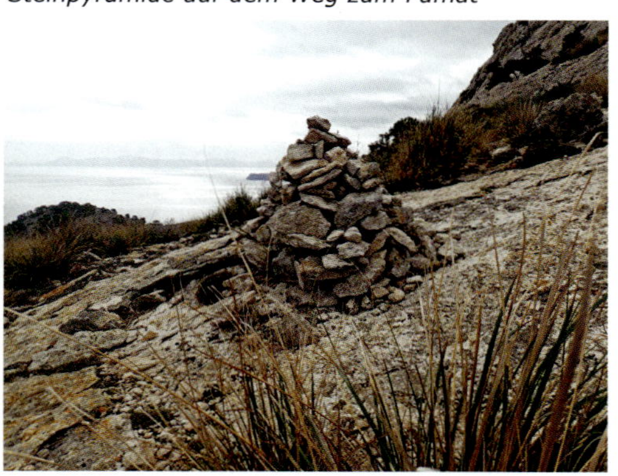

Nachdem Sie Ihr Gipfelglück genossen haben, steigen Sie wieder ab. Eine Wanderführerin, die wir unterwegs trafen, sprach davon, dass wir nach „drei Minuten" rechts abbiegen sollen. Das korrigierte sie, nachdem sie gesehen hatte, dass wir mit vier Wanderern, die gleichzeitig am Gipfel starteten, nach drei Minuten an vollkommen verschiedenen Punkten waren. Also: Suchen Sie besser nach Ende des steilsten Stücks rechts einen bergabführenden Pfad. Wenn Sie ein GPS-Gerät dabeihaben, sollten Sie etwa bei Koordinate N 39°56.894' E 003°10.577' den Steinmännchen nach rechts zu einem Sattel folgen. Dort am Coll de la Bretxa (⇧ 230 m) halten Sie sich rechts. Links ist die Cala el Gossalba zu sehen, rechts das bewaldete Tal der Cala Murta.

Auf dem Zickzackweg wandern Sie bergab. Halten Sie dabei auf die oberste Baumgruppe am Rücken des **Puig Garballó** zu. Dort orientieren Sie sich eher

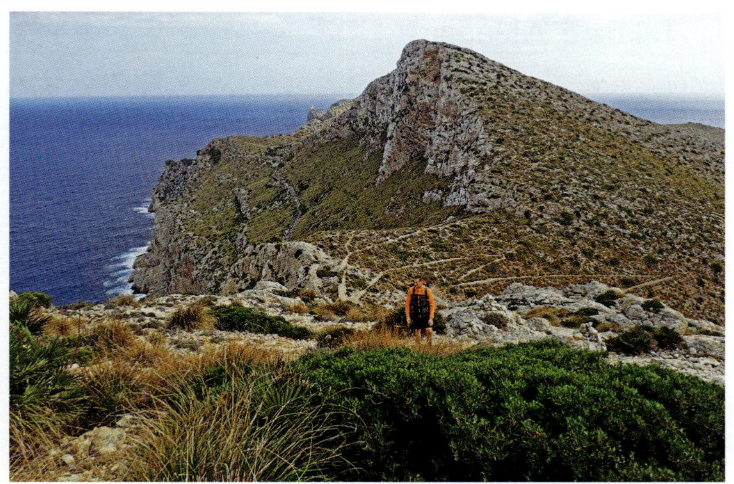

Das Zickzack des Leuchtturmwärterwegs am Cap Formentor

nach rechts und gehen erst beim nächsten Erreichen des Rückens darüber hinweg. Halten Sie sich links, sodass das Tal rechts von Ihnen liegt. In weiteren Serpentinen laufen Sie auf dem Packeselweg bergab, nun ist die Cala Murta schon zu sehen.

An einem Zaun müssen Sie den Mauerweg verlassen und steigen nach rechts – dem Zaun folgend – hinab zur Zufahrt zur **Finca Cala Murta**, der Sie nach links folgen. Am Tor der Finca gehen Sie nach rechts und vor den Picknicktischen links zum Strand. Der Kieselstrand fällt sanft ab und lädt zu einem erfrischenden Bad ein. Wem nicht nach Baden ist, der steigt rechts des Strandes die Treppe hinauf und folgt dem Pfad namens Camí del Castellet zu einem Aussichtspunkt mit Blick auf Port de Pollença.

Für den Rückweg laufen Sie zurück zur Zufahrt der Finca und wandern auf ihr sanft bergauf durch schattigen Kiefernwald am Fuß des Fumat entlang. Sie passieren das **Campament Santa Maria de Formentor**, einen Jugendzeltplatz. Dort folgen Sie dem Teerweg nach rechts durch den Durchlass neben dem Tor. Die Zufahrt endet an der Ma-2210, dort sehen Sie schon den Startpunkt. Sie müssen nur noch wenige Schritte der Straße nach rechts folgen.

16 Talaia d'Alcúdia

Für Gipfelstürmer

An der Ermità de la Victoria beginnt eine abwechslungsreiche Runde über die Alcúdia-Halbinsel. Der erste Abschnitt bis zum Gipfel des Talaia d'Alcúdia ist sehr beliebt und deshalb an Wochenenden und Feiertagen bunt vor Wanderern. Die meisten gehen jedoch auf demselben Weg zurück, sodass Sie schon beim Abstieg zum Coll Baix ungestörter laufen können. Nach dem Verlassen des Baix-Forstweges werden Sie nur noch ganz vereinzelt Wanderer treffen. Der Weg ist teils der Sonne ausgesetzt und teils schattig.

Start/Ziel: an der Ermità de la Victoria, GPS N 39°52.387' E 003°10.243'

10,2 km

3 Std. 30 Min.

501 m/501 m

51-444 m

keine Markierungen, vereinzelte Wegweiser

Restaurante Mirador de la Victoria am Start/Ziel

Rastmöglichkeiten an der Ermità (Start/Ziel) und am Coll Baix (km 4,7)

Bademöglichkeit an der Platja del Coll Baix (900 m ab km 4,7, Steinschlaggefahr direkt an der Felswand)

GC83DF Blighty - Majorica, Tradi; GC2HEBC Picture Postcards From 'Ses Tres Creus', Tradi; GCTNYX Las cabras de la Atalaya de Alcudia, Multi

Auch ohne alpine Erfahrungen können Kinder hier echtes Gipfelglück erleben, sie sollten aber schwindelfrei und trittsicher sein.

Die Wanderung führt durch ausgesetztes Gelände, mit Buggys ist hier kein Durchkommen.

Eine schöne Hunderunde, Wasser gibt's am Start und in einem Brunnen am Coll Baix.

Parkmöglichkeit am Start/Ziel

Bushaltestelle Es Mal Pas/Bonaire ca. 1 km entfernt von dem Campament de la Victoria, Linie L356B von Alcúdia (nur im Sommer, 3x täglich)

Ermità de la Victoria

Korrekt heißt die Einsiedelei auf der Alcúdia-Halbinsel Ermità Mare de Déu de la Victòria, das bedeutet „Muttergottes des Sieges“. Erste Einsiedler lebten hier im

13. Jahrhundert in einer Höhle, 1403 entstand ein erstes Gebäude. Im 16. Jahrhundert wurde es zum Karmeliterkloster. Die Kirche wurde 1697 gebaut, um der dort verehrten Muttergottes aus dem 15. Jahrhundert ein angemessenes Domizil zu schaffen.

Am 2. Juli wird die Einsiedelei zum Wallfahrtsziel.

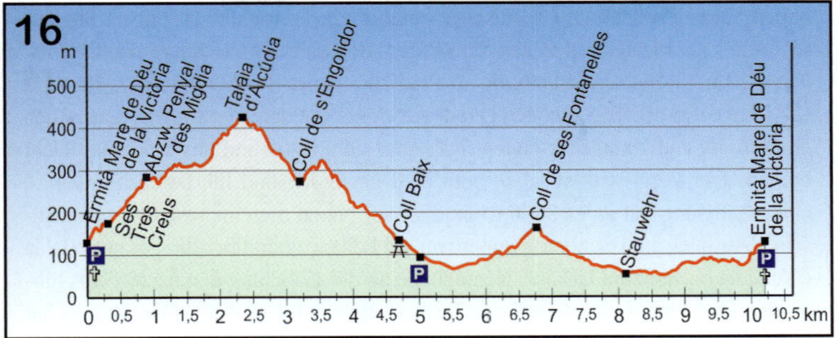

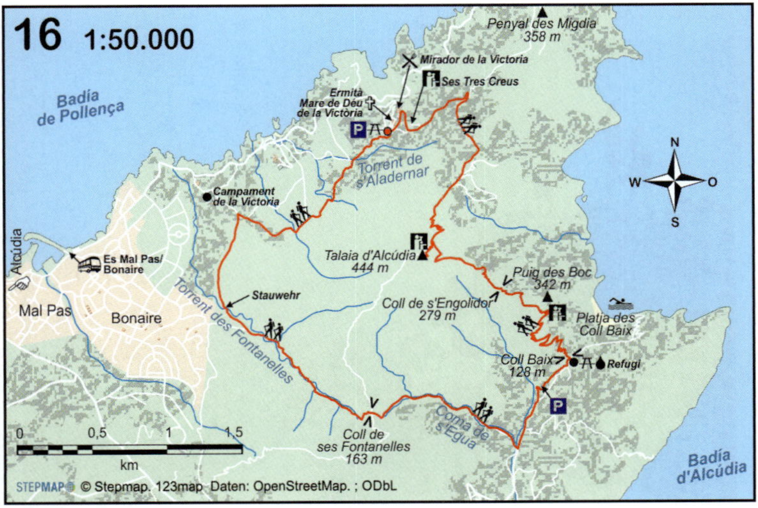

Auf dem Parkplatz an der Ermità de la Victoria wandern Sie den breiten Forstweg bergauf und gehen am ✕ Restaurant rechts durch die Schranke.

Restaurante Mirador de la Victoria, Camí Vell de la Victòria, 07400 Alcúdia, ☏ 971 547 173, www.miradordelavictoria.com, Di bis So 13:00 bis 15:30 und 19:00 bis 0:00

An dem Schild „Ses Tres Creus" („Die drei Kreuze", Abstecher: Neben einem alten steinernen Kreuz stehen zwei neuere Holzkreuze, 30 m entfernt.) haben Sie einen schönen Ausblick hinüber zur Formentor-Halbinsel. Sie laufen weiter geradeaus und folgen dem Weg durch eine scharfe Kurve nach rechts. Nach 40 m zweigt scharf links ein Pfad zum Penya des Migdia/Penya Roja (1 km entfernt) ab, Sie gehen geradeaus weiter auf dem Forstweg bergan. Auch an dem Tor mit Zaunleiter laufen Sie weiter geradeaus und am Wildzaun leicht bergab. Der Weg ist inzwischen zum Pfad geworden und führt steil bergauf zu einer Gabelung mit einer Steinpyramide. Hier haben Sie einen weiteren fantastischen Ausblick auf Formentor, außerdem auf Pollença und über die gesamte Bahía d'Alcúdia bis hin zum Llevant. Nehmen Sie an der Gabelung den nach rechts führenden Pfad hinauf zum Gipfel des **Talaia d'Alcúdia** (⇧ 444 m). Den Namen hat

Auf dem Talaia d'Alcúdia

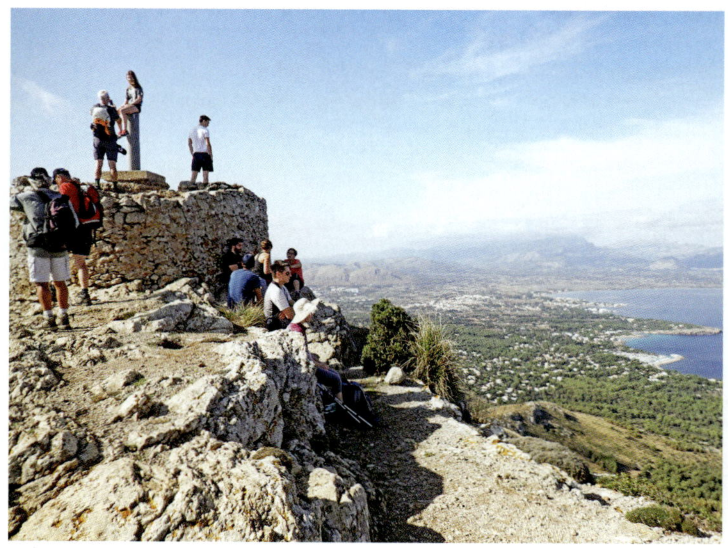

der Gipfel von einem Wachturm, der 1567 auf dem Gipfel erbaut wurde und seit dem 19. Jahrhundert verfällt, sodass heute nur noch die Grundmauern erhalten sind.

Nach dem Gipfelsturm steigen Sie ab bis zur Steinpyramide und nehmen dort den Pfad scharf rechts (also den linken Weg in ursprünglicher Laufrichtung) in Richtung Collet des Coll Baix. Sie wandern nun einen Sattel hinab und wieder hinauf, immer etwas unterhalb der Höhenlinie, also ziemlich windgeschützt. Hinter dem Sattel, der mitunter auch als **Coll de s'Engolidor** (⇧ 279 m) in Karten auftaucht, wird das Gelände etwas steiler.

Serpentinen bringen Sie am Puig des Boc (⇧ 342 m) bergab, ein erster Blick hinab zur Platja des Coll Baix lockt zu einem erfrischenden Bad im Meer. Schon bald erreichen Sie **Coll Baix** (⇧ 128 m). Am Refugi finden Sie einen Brunnen mit nicht kontrolliertem Wasser, Picknicktische und ein WC. Nach links sind es noch etwa 900 m bis zum vorhin gesichteten Strand Platja des Coll Baix. Der öffentliche Strand mit dem groben bleigrauen Sand ist selbst in der Hochsaison nie überlaufen, weil den meisten Badegästen der Anmarsch zu weit ist.

Folgen Sie dem Forstweg nach rechts bergab. Nach etwa 800 m nehmen Sie den nach rechts abgehenden Weg durch ein Bachtal. Er verläuft zum Teil im Bachbett, zum Teil oberhalb davon. Die Orientierung ist schwierig, an manchen Stellen helfen rote Punkte, Steinmännchen (an einer Stelle sogar eine ganze Steinmännchen-Population) oder das Bachbett selbst. Sie erreichen den **Coll de ses Fontanelles** auf 163 m Höhe, den dritten Pass dieser Runde. Wandern Sie nun geradeaus Richtung Victoria durch die Macchia. Der Weg führt bergab bis zu einem Wasserloch, dann wieder leicht bergauf. Hinter einem Pfosten für die örtliche Nordic-Walking-Strecke gehen Sie an dem kleinen Stauwehr links auf die andere Seite des Bachs. An der Gabelung mit der Nordic-Walking-Tafel nehmen Sie den rechten Weg. Er wird breiter und führt als Wirtschaftsweg zu einer T-Kreuzung. Hier wandern Sie rechts bergauf durch einen Kiefernwald, halten sich an zwei aufeinanderfolgenden Gabelungen links und an den nächsten beiden Gabelungen rechts. Der Pfad führt bergab, nach rechts und hinter dem Bachbett des Torrent de s'Aladernar bergauf durch den Wald zum Startpunkt.

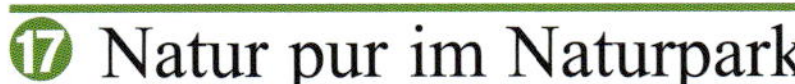

17 Natur pur im Naturpark

Für Vogelbeobachter und Buggyschieber

Natur pur ohne einen einzigen Höhenmeter, das erwarten Wanderer am wenigsten auf Mallorca. Doch im Naturpark S'Albufera ist genau dies der Fall. Von den Aussichtstürmen abgesehen ist die Runde topfeben. Natur pur bedeutet, dass Sie durch ein Sumpfgebiet laufen, in dem Sie seltene Tier- und Pflanzenarten antreffen – aber leider auch Stechmücken. Also neben Fernglas, Kamera und Bestimmungsbüchern bitte auch den Insektenschutz nicht vergessen! Der Weg verläuft vorwiegend durch die Sonne.

Start/Ziel: an der Ma-12, P Parkplatz S'Albufera an der Brücke Pont dels Anglesos, GPS N 39°47.968' E 003°07.149'

13,7 km

4 Std.

42 m/42 m (aber nur wegen der Aussichtstürme)

2-9 m

keine Markierungen, vereinzelte Wegweiser

keine Einkehrmöglichkeiten am Weg, WC, Restaurants und Cafés in der Hotelzone Platja de Muro auf der anderen Seite der Ma-12

Getränke- und Snackautomat an Sa Roca (km 1)

Sitzbänke auf dem Aussichtsturm (km 2,8)

GCX4AG Natur pur, Tradi; GC2ZTEJ S'Albufera, Earthcache

Die Strecke ist zwar vollkommen flach, aber sehr lang für Kinder.

Der geschotterte Rundweg ist flach und durchgängig mit dem Buggy befahrbar. Zwillingsbuggys müssen neben dem Tor an der Can-Blau-Brücke über eine hüfthohe Mauer gehoben werden.

Hunde sind im Park nicht erlaubt.

P Parkmöglichkeiten südlich des Parkeingangs und entlang der Ma-12

Bushaltestelle S'Albufera, Linien L351 (etwa stündlich) und L352 (alle 90 Min.) von Alcúdia und Artà

Achtung! Das Betreten des Parks ist nur mit der Genehmigung „Es Requereix un Permís" zwischen 9:00 und 17:00 (Apr bis Sep bis 18:00) erlaubt. Diese erhalten Sie zusammen mit einem Parkplan in der Parkinformation Sa Roca (nach ca. 1 km ab Start).

An der Ma-12 münden einige Kanäle und Bäche ins Meer, dort beginnt der Naturpark S'Albufera zwischen dem Canal Gran und dem Canal des Sol an einem Eisentor. Folgen Sie dem breiten Weg parallel zu den Kanälen bzw. dem Pfad zwischen diesem Weg und dem **Canal Gran**. Sie gehen links über eine Steinbrücke 🌐 und dahinter nach rechts. Nach gut 1 km erreichen Sie das ❀ Infogebäude (🚪 9:00 bis 16:00, mit Ausstellung), in dem Sie eine Besuchserlaubnis erhalten. Dort ist auch eine nette Fotoausstellung zur Flora und Fauna des Parks zu finden.

✋ Bitte achten Sie auf die korrekte Personenzahl, die Parkwächter schimpfen sogar, wenn ein Baby nicht notiert wird.

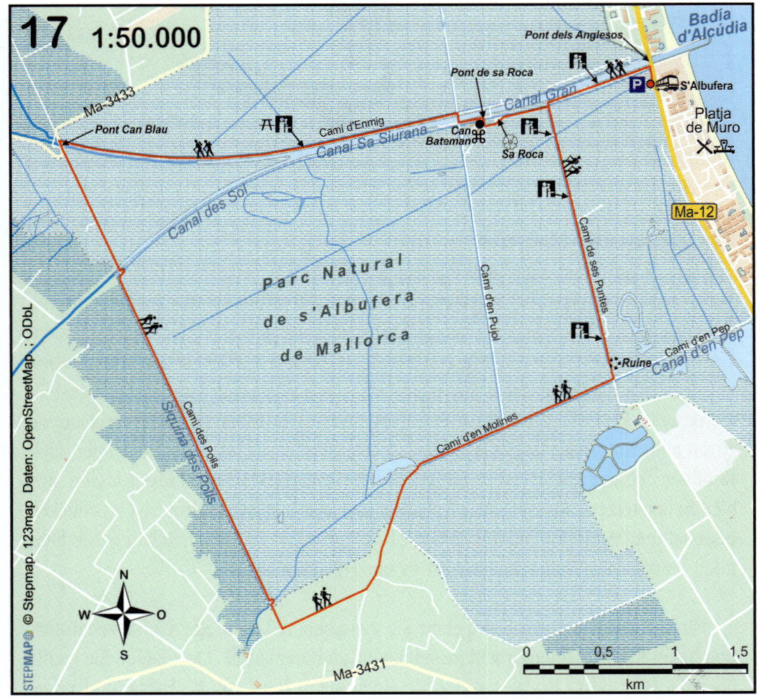

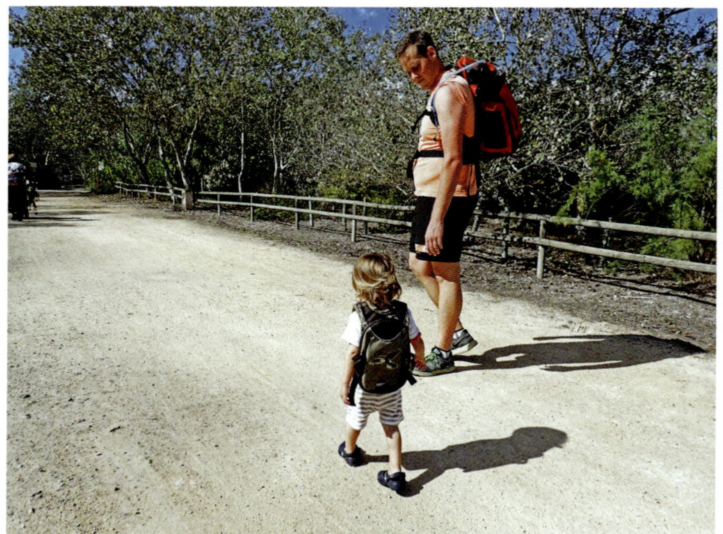

Die Bodenbeschaffenheit taugt schon für Einjährige.

Das Vogelparadies Mallorcas

S'Albufera war einst eine Lagune, die nach und nach verlandete und ein riesiges Sumpfgebiet bildete. Im 19. Jahrhundert versuchte man, sie trockenzulegen und landwirtschaftlich zu nutzen. Das scheiterte aber an immer wieder eindringendem Grund- und Meerwasser. Übrig geblieben sind knapp 1.700 Hektar Sumpfgebiet mit etwa 400 verschiedenen Pflanzenarten, das 1988 unter Naturschutz gestellt wurde und als ein Paradies für seltene Vogelarten gilt. Mehr als 270 verschiedene Arten einheimischer Vögel und Zugvögel wurden hier schon gesichtet, aber auch Reptilien, Fische und kleinere Säugetiere. Selbst mit kleinen Kindern lassen sich hier Schafstelzen, Rallenreiher, Spatzen und die lustigen Balearen-Grasmücken beobachten. Wenn Sie meinen, einen Storch gesehen zu haben, schauen Sie bitte noch einmal hin: Wahrscheinlich ist es ein Stelzenläufer.

Hinter der Information gehen Sie zwischen WC und Getränkeautomat durch das Tor bis zum Informationsgebäude **Can Bateman**. Dort laufen Sie rechts über die **Pont de sa Roca**, von der Sie einen guten Blick auf die Fische und Vögel haben, die sich im und am **Canal Gran** tummeln. Halten Sie sich dahinter links, gehen Sie an der Kreuzung rechts über die nächste Brücke und dahinter erneut nach links. Die hier beginnende Bambusallee heißt **Camí d'Enmig** und führt 2,7 km am Canal Sa Siurana entlang, nur unterbrochen von einem Aussichtsturm.

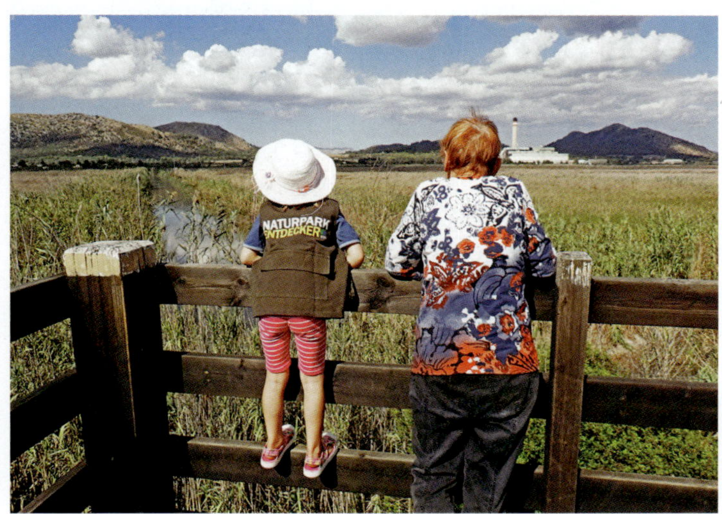

Ausblick hinüber zum Tramuntana-Gebirge

Am vermeintlichen Ende des Weges am Ende des Naturschutzgebietes gehen Sie links um den Torpfeiler herum und entdecken eine schmale Mauerlücke, durch die Sie zur Ma-3433 kommen. Breitere Buggys müssen hier kurz über das Mäuerchen gehoben werden. Folgen Sie der Straße nach links über die Brücke **Can Blau**. Die Straße macht eine Rechtskurve, hier wandern Sie geradeaus auf dem breiten Schotterweg weiter bis zu einer Brücke, dort nach links und nach 20 m rechts über einen Betonsteg mit Viehgitter. Dahinter folgen Sie dem Weg erst nach rechts und dann nach links, dabei haben Sie weite Blicke auf die nordmallorquinischen Halbinseln Alcúdia und Llevant.

Am nächsten Tor ist der Fußgängerdurchlass selbst für Zwillingsbuggys breit genug. Der Weg führt nun als **Camí des Polls** 2,3 km geradeaus parallel zu dem Wassergraben Siquina des Polls bis zu einer Baumreihe an einem weiteren Tor mit Viehgitter. Nach etwa 300 m wird ein Tor links umgangen, dafür laufen Sie über ein Viehgitter und ein Schütz.

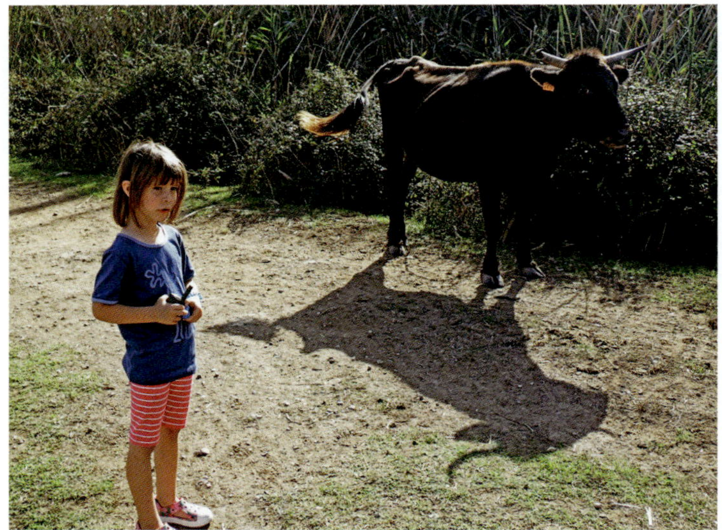

Keine Angst vor großen Tieren

Sie verlassen nun das Naturschutzgebiet, nach etwa 150 m folgen Sie links dem Teerweg. Er führt an Kleingärten entlang. Am Ende des Weges gehen Sie halb links, an der Gabelung links weiter an verwilderten Gärten vorbei. Wer im Herbst wandert, wird sich über das viele Obst und Gemüse wundern, das ungeerntet auf den Bäumen und Feldern verdirbt. Viele Bauern betreiben die Landwirtschaft nur noch im Nebenerwerb, im Tourismus lässt sich mehr und leichter Geld verdienen.

An der Naturpark-Infotafel betreten Sie auf dem geradeaus weiterführenden Weg **Camí d'en Pep** wieder den Park. Sie laufen zwischen Sumpfgräsern und an einem Aussichtsturm vorbei zu einem Tor mit Viehgitter, dann neben dem Sumpfgebiet zum nächsten Tor. An einem weiteren Tor gehen Sie nach links an einer Ruine vorbei; dieser Weg heißt **Camí de ses Puntes**. Sie passieren noch ein Tor und einen Aussichtsturm, dahinter wird es etwas schattiger. Ein kleiner Aussichtspunkt bietet noch einmal Gelegenheit zur Tierbeobachtung im Sumpf. Nach 600 m kommen Sie zum Verbindungsweg zwischen Eingang und Infopunkt. Dort wandern Sie geradeaus über die Brücke und rechts zurück zum Startpunkt.

⑱ Strandwanderung zur Totenstadt Necròpolis

Für kulturinteressierte Strandläufer

So schön kann Wandern auf Mallorca sein: auf weichem Sandboden durch die Dünen und den urigen Kiefernwald. Damit nicht genug, denn es gibt eine Totenstadt und eine Finca Pública zu besichtigen. Besonders Kinder werden die verschiedenen alten Tierrassen des Hofes mögen. Der Weg führt am Strand durch die Sonne, auf dem Gelände der Finca durch lichten Kiefernwald.

Start/Ziel: auf der Strandpromenade in Son Bauló, Navi: Carrer Isaak Peral, Ecke Carrer Olivo, GPS N 39°45.623' E 003°10.121'

9,9 km

3 Std.

77 m/77 m

0-41 m

vereinzelte Markierungen der Son-Real-Markierungen für Weg 4 (blau) und Weg 2 (gelb)

Moai Beach Club (km 0,1), weitere Restaurants und Cafés im Ort

Einkaufsmöglichkeiten im Ort

Schutzhütte am Aussichtspunkt Sa Pedra Foradada (km 4,2), Rastplätze an der Finca Son Real (km 4,9 bzw. km 6,2) und am Refugi (km 7,5)

Platja de Son Bauló (km 0,2)

GC GC58VQ3 B+K Küstencache, Tradi; GCX5Y3 Necropolis, Tradi; GC629Y9 Pirata Mediterrani, Tradi; GC19QA1 schöne Aussicht auf die „Illes de Porros", Tradi. ☺ Für einen der Schätze sollten Sie Badesachen mitnehmen.

abwechslungsreiche Tour mit Strand, Geocaches, Tierbeobachtungen, Museum und Spielplatz

Wegen der sehr sandigen Abschnitte und der Zaunleitern am Anfang und Ende des Fincageländes ist der Weg nicht für Buggys zu empfehlen. Wer auf der Küstenstraße von Alcúdia nach Artà bei km 17,7 an der Finca Son Real parkt, kann einen Großteil der Strecke mit dem Buggy laufen. Dazu gehen Sie auf Weg 2 bis zur im Text mit einem (hier links) markierten Gabelung, laufen dort links zum Weg 4 und folgen diesem links zur Finca.

Anleinpflicht auf dem Fincagelände, zwei Zaunleitern, über die der Hund gehoben werden muss.

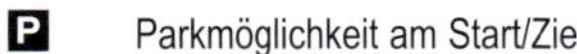
Parkmöglichkeit am Start/Ziel

Bushaltestelle Son Bauló, Linien L352 von Pollença/Alcúdia (alle 90 Min.), L353 von Formentor/Alcúdia (nur im Sommer, 4x tägl.), L354 von Port de Sóller/Sóller/Lluc/Pollença/Alcúdia (nur im Sommer, Mo bis Sa 2x tägl.), L355 von Lluc/Pollença/Alcúdia (nur im Sommer, Mo bis Sa 1x tägl.), L390 von Palma (etwa stündlich), L395 von Inca (etwa stündlich)

Diese Wanderung beginnt am Strand von Son Bauló, dem Sie nach Süden folgen. Dabei passieren Sie den 🍷 Moai Beach Club und eine Infotafel mit den örtlichen Wanderwegen.

🍷 Moai Beach Club, Playa de Son Bauló, 07458 Ca'n Picafort,
☎ 697 877 882, 🚪 10:00 bis 0:00

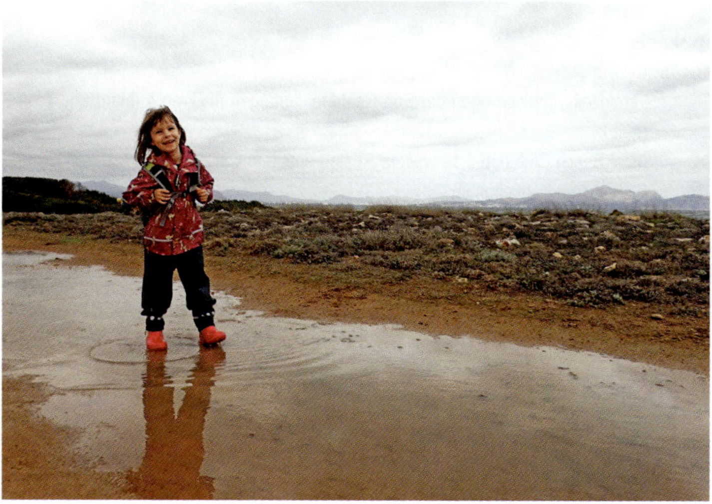

Herrlich große Pfützen am Strand

Auf einem Sandweg laufen Sie an einem alten Bunker vorbei zum nächsten kleinen Strand, wo 🌐 Geocacher einen kleinen Abstecher von 30 m machen. Nach etwa 1 km erreichen Sie eine Landzunge mit Gräbern aus dem 7. bis 5. vorchristlichen Jahrhundert, die **Necròpolis**.

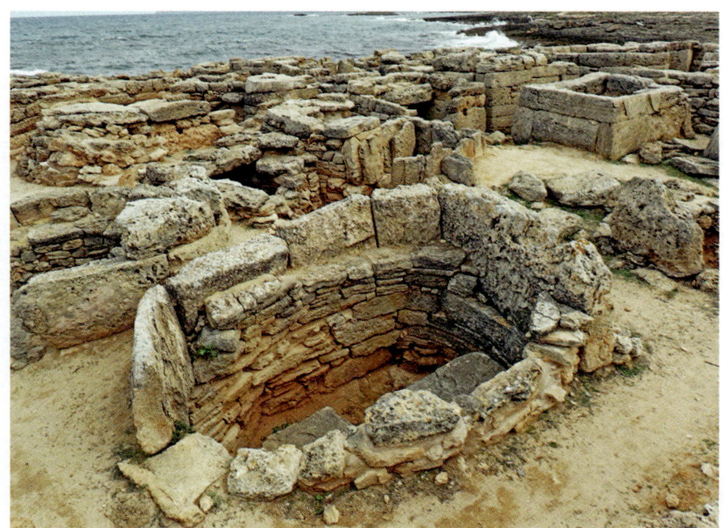

Necròpolis

Necròpolis

Sie stehen in der Fundstätte mit der größten Konzentration prähistorischer Gräber auf ganz Mallorca. Zwischen 1957 und 1970 wurden mindestens 300 Skelette in 109 Einzelgräbern entdeckt. (Auf der Hinweistafel vor Ort sind 110 Gräber genannt, offiziell sind es aber nur 109.) Die ältesten Gräber stammen aus dem 7. und 6. Jahrhundert v. Chr. und sind rund oder quadratisch, die jüngeren (5. Jh. v. Chr.) sind eher hufeisenförmig, im 4. Jh. v. Chr. entstanden vorwiegend rechteckige Grabstellen. Aus den Grabbeigaben lässt sich schließen, dass es sich um wohlhabende Menschen handelte. Männer und Frauen wurden in getrennten Gräbern bestattet.

Archäologen haben noch nicht alle Rätsel lösen können, die mit der Totenstadt verbunden sind. So gab es in einigen Grabdeckeln Löcher. Dienten sie zum Hinabreichen von Grabbeigaben oder waren es Seelenlöcher? Wo befand sich die zur Nekropole gehörige Siedlung? Stammen die Löcher in den Schädeln zweier Skelette von Operationen oder kultischen Handlungen?

Sie verlassen nun den Strand und klettern rechts auf der Zaunleiter über den Zaun, der die öffentliche Finca Son Real einfriedet. Folgen Sie geradeaus dem blau markierten Weg Nr. 4 und biegen Sie an der Kreuzung rechts ab. Der typische Strandbewuchs ist inzwischen lichtem Kiefernwald gewichen. An der nächsten Kreuzung biegen Sie scharf links ab und ignorieren eine Einmündung von rechts.

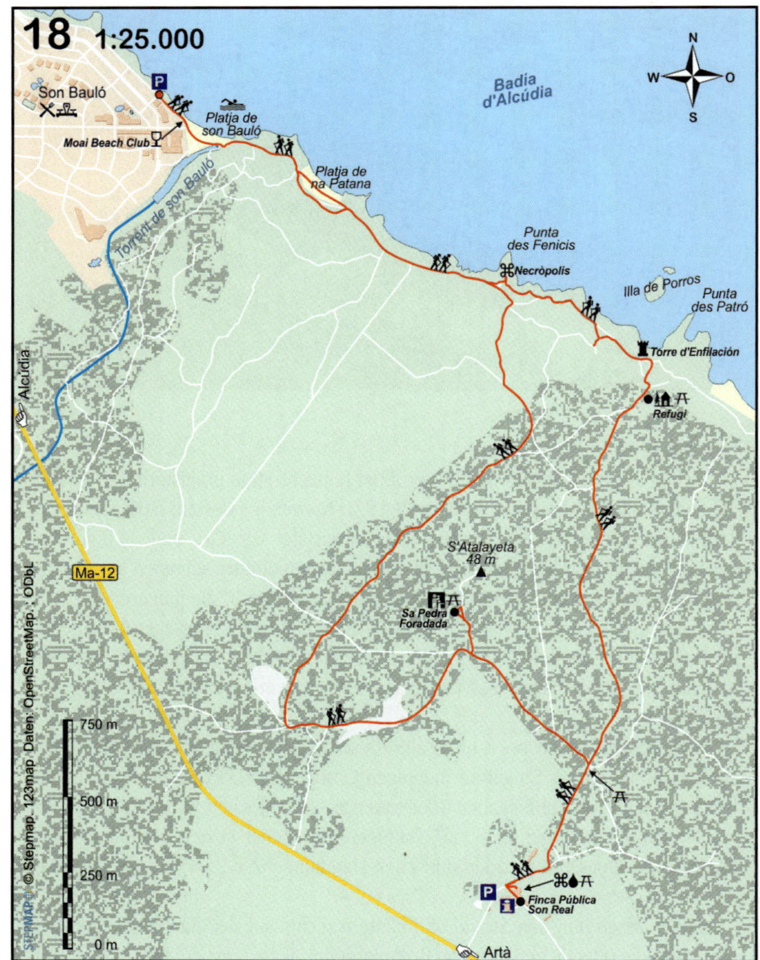

↳ An der zweiten Einmündung von links lockt ein Wegweiser zu einem 50 m entfernten Aussichtspunkt auf der Düne **Sa Pedra Foradada**. Dieser ist dann aber 150 m entfernt und bietet nicht etwa eine landschaftliche Aussicht, sondern einen Beobachtungsstand an einem betonierten Wasserbecken. An besucherarmen Tagen können hier mit etwas Geduld Wiedehopfe, Trielen und verschiedene Grasmückenarten beobachtet werden. Andere Wanderer berichteten uns auch über Korallenmöwen, Seeregenpfeifer, Theklalerchen, Kernbeißer und Brachpieper an diesem Aussichtspunkt.

Der Hauptweg führt zu einer Wegkreuzung mit Picknicktischen unter Bäumen. Hier gehen Sie rechts zum Infopunkt und zum Museum von Son Real, in dem Ihnen die Geschichte des Landguts anschaulich gezeigt wird (9:00 bis 16:00, Info, Getränkeautomat, WC, Wasserspender und Geländeplan mit Wanderwegen für den Rückweg).

Son Real

Das alte Landgut Son Real misst 395 Hektar. Die mallorquinische Regierung kaufte es 2002 den Erben des Grafen de Empùries für 8 Mio. Euro ab und machte es 2007 der Öffentlichkeit zugänglich. Als Teil des mallorquinischen Kulturprogramms werden einheimische Nutztierrassen gezüchtet und traditionelle Pflanzen angebaut. Esel, Schweine, Schafe und Gänse leben aktuell auf dem Landgut. Die schwarzen Vertreter der alten Schweinerasse Porcs Negres wagen sich manchmal ganz neugierig an die Besucher heran. Mit etwas Glück entdecken Sie auch eine Mittelmeerschildkröte.

Mallorca-Urschwein an der Finca Son Real

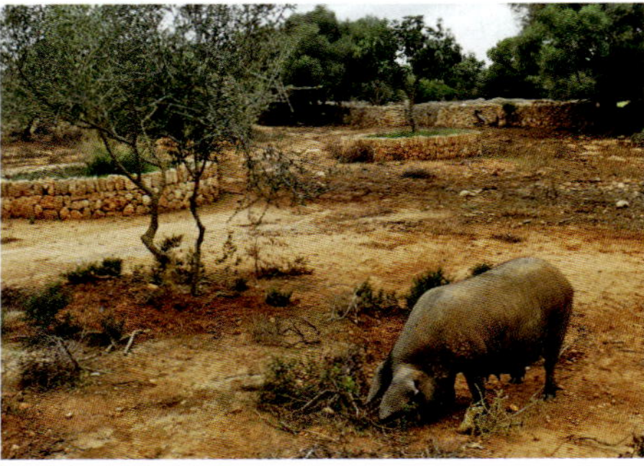

Mit Ihnen wandernde Kinder werden ihre Freude an den lustigen aussehenden Schweinen und den frech schnorrenden Eseln haben, an denen der Weg zum und vom Landgut entlangführt. Nach der Besichtigung kehren Sie zu der Wegkreuzung mit den Picknicktischen zurück. Dort gehen Sie

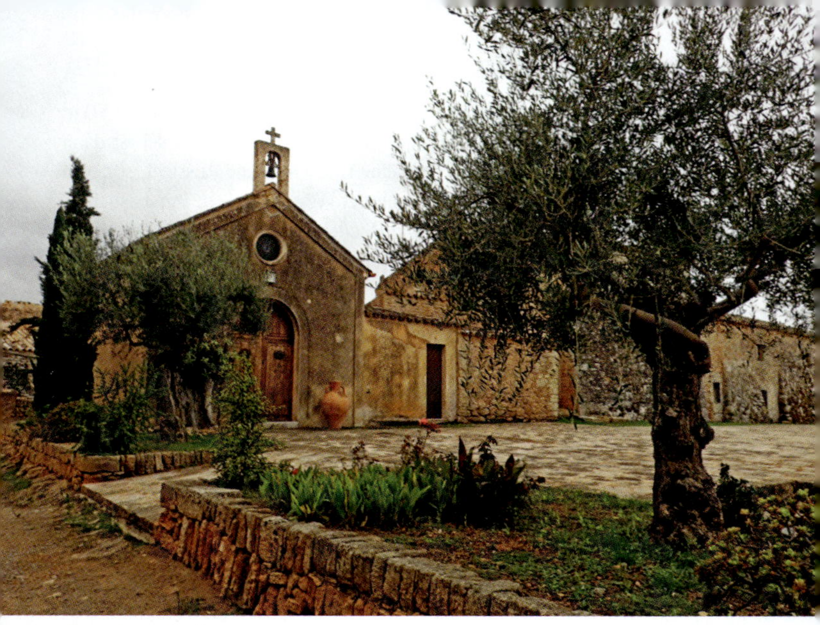

Finca Son Real

nun geradeaus, diese Strecke ist als Weg Nr. 2 gelb markiert. An der Weggabelung halten Sie sich geradeaus an den Weg 2 (hier links) Richtung **Refugi**. In dieser Hütte kann nur auf Voranmeldung übernachtet werden, den Picknicktisch dahinter kann aber jeder benutzen.

Sie verlassen hinter dem Refugi das Landgut über eine Zaunleiter und nehmen den Sandweg links zum Strand westlich der Landzunge Punta des Patró. Hier entdecken Sie einen der alten **Torre d'Enfilación**, das sind Peiltürme, die 1941 bis 1970 entlang der Küste errichtet wurden, um bei Militärübungen die Positionsbestimmung zu trainieren.

An dem Turm biegen Sie links ab, rechter Hand liegt die kleine Insel **Illa des Porros** zum Greifen nah. Hier befinden sich weitere Grabstellen aus vorchristlicher Zeit. ☺ Wer den dort versteckten Geocache heben will, sollte einen nicht allzu windigen Tag für diese Wanderung wählen. Weiter auf dem Sandweg am Strand entlang lässt sich aber ein weiterer Cache heben, ohne dass Sie nass werden. Einfach links über den Zaun klettern, an der richtigen Stelle zugreifen und fertig!

Nun sind Sie wieder an der **Necròpolis** angelangt und gehen geradeaus zurück zum Startpunkt, vielleicht mit einer Badeunterbrechung am Strand von Son Bauló.

19 Naturpark Llevant

Für Naturparkwanderfreunde und Geocacher

Im Llevant-Naturpark haben Wanderer die Qual der Wahl zwischen 14 Wanderwegen. Einer ist schöner als der andere. Als Einstieg führt diese Runde im Süden des Parks über vier dieser Wege durch urwüchsige Natur zu Aussichtspunkten und historischen Gebäuden. Wer danach von diesem Naturpark noch nicht genug hat, kann sich mit den guten Detailkarten des Naturparks sogar eine Dreitageswanderung mit zwei Hüttenübernachtungen zusammenstellen. Die hier beschriebene Wanderung ist sonnig und fast baumlos.

- Start/Ziel: am Infozentrum des Naturparks Llevant, GPS N 39°44.172' E 003°20.093'
- 8,2 km
- 3 Std.
- 330 m/330 m
- 220-381 m
- Naturparkwege Nr. 1 (dunkelgrün), Nr. 4 (blau), Nr. 3 (orange) und Nr. 10 (braun)
- keine Einkehrmöglichkeit, Getränkeautomat und WC am Infozentrum
- Rastplätze am Start/Ziel, an den Cases de Verger (km 1,8) und auf dem Weg zum Mirador (km 5,3)
- GC430NR Talaiot Puig Figuer, Tradi; GC 6AERQ Ca'n Ros, Tradi; GC42NT6 Coll des Verger, Tradi; GC42NTZ Vista na Pastora, Tradi; GC42NRA Campament dels Soldats, Multi; GC42NQJ Camí dels Presos, Tradi; GC430MA Vista S'Alqueria Vella, Tradi; GC430MT Vista Betlem, Tradi; GC430NB Vista Son Morei Vell, Tradi
- Kinder, die Strecken dieser Länge gewöhnt sind, werden bei den wenigen Anstiegen keine Probleme haben. Cacherkindern wird es auf der Runde auch bestimmt nicht langweilig.
- Buggytauglich ist der Weg leider nur bis Es Verger, danach führt ein schmaler Pfad mit einer Zaunleiter hinüber zum Campament des Soldats. Wer sich mit dem Buggy den Naturpark anschauen möchte, muss mit Hin-und-zurück-Wegen und grob geschottertem Untergrund zufrieden sein. In diesem Fall kommen Weg 1 und in Verlängerung der Weg 2 Richtung Osten bzw. Weg 3 Richtung Norden infrage.
- Der Weg ist zwar für Hunde prima zu laufen, leider besteht aber im gesamten Naturpark Anleinpflicht. Bitte Wasser mitnehmen, unterwegs gibt es nur in Es Verger einen kleinen Brunnen.

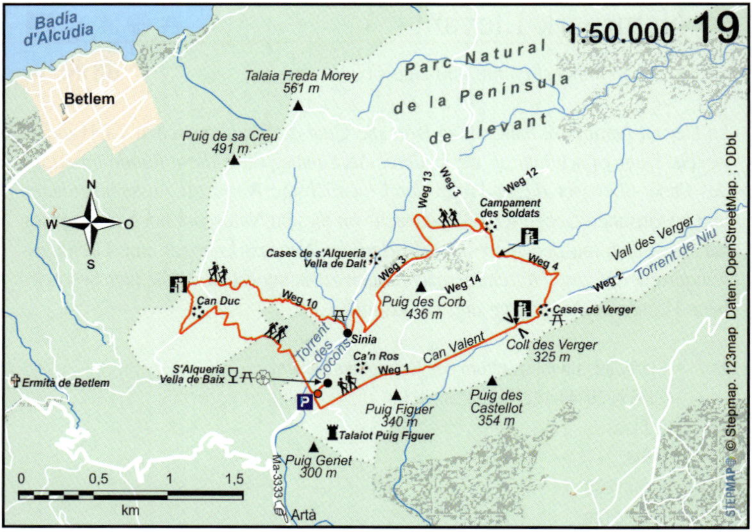

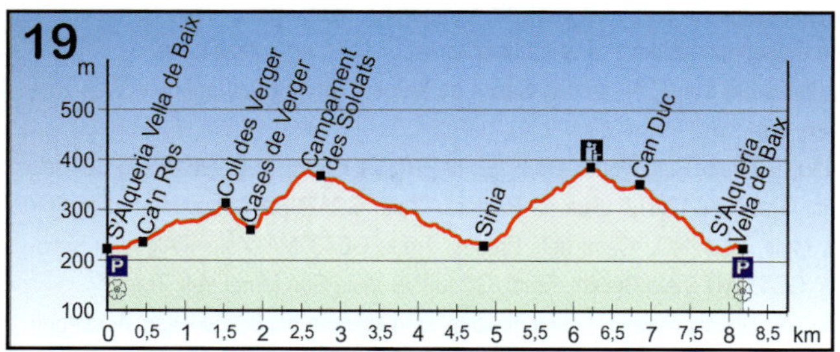

P Parkmöglichkeit am Startpunkt, Anfahrt: Ma-3333, km 5, also von Artà den Wegweisern Richtung Parc Natural folgen

 keine Busverbindung zum Startpunkt

☺ Etwa 19 km lang ist ein Rundweg, bei dem Sie am Ende des Naturparkwegs 1 geradeaus auf dem Weg bleiben, der nun die Nummer 2 trägt. An dessen Ende folgen Sie dem linken Arm des Weges 7 bis zur Naturparkgrenze bei Pedrera und nehmen den Weg nach links zum Strand Platja Arenalet des Verger. Dort gelangen Sie über Weg 5 (südlich) oder 8 und 6 (weiter nördlich, 1 km länger) zum Weg 3, der Sie zurück zum Startpunkt bringt.

Die Runde verläuft weitgehend auf dem Gelände des öffentlichen Landguts S'Alqueria Vella (= das alte Bauernhaus) und beginnt mit dem Weg 1, er ist dunkelgrün markiert.

Information des Naturparks Península de Llevant im Gebäude S'Alqueria Vella de Baix am Startpunkt, 9:00-16:00

Dafür laufen Sie vom Infogebäude am abgewandten Ende des Parkplatzes auf den kleinen Berg namens **Puig Genet** (⇧ 300 m) zu.

Bitte lassen Sie sich nicht verwirren: Der Turm Talaiot Puig Figuer liegt näher am Gipfel des Puig Genet als am Gipfel des Puig Figuer. Je nach Karte sind die Namen der beiden Berge vertauscht, unter anderem auch auf der in der Naturparkinfo erhältlichen Wegkarte für den Naturparkweg 1.

Linker Hand entdecken Sie ein Schöpfrad, dahinter gehen Sie links durch das Törchen neben dem Gatter. Kurz dahinter ist ein Abstecher (etwa 1 km) nach rechts zum Talaiot Puig Figuer möglich. Unterhalb des Berggipfels sind Reste eines Wehrturms zu sehen, der auf 850-550 v. Chr. datiert wird.

Auf dem Weg zum Coll des Verger

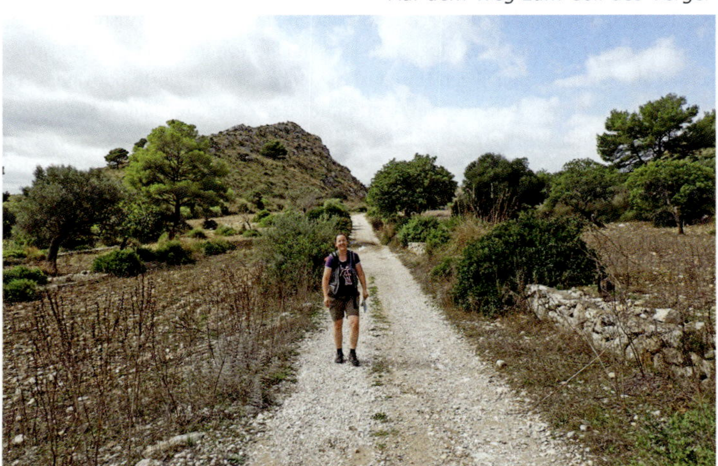

Die Talaiot-Kultur

Aus der sogenannten talaiotischen Zeit stammen viele Beobachtungstürme auf Mallorca. Die bronzezeitliche Talaiot-Kultur prägte die Insel etwa von 1300 bis 120 v. Chr., der Name leitet sich vom katalanischen Wort *talaia* (= Wachturm/Beobachtungsposten) her. Üblicherweise wurden die Türme in Trockensteinbauweise errichtet.

Für die eigentliche Wanderung laufen Sie oberhalb der Gebäude des **Ca'n Ros** aber geradeaus leicht bergauf. Der Weg führt zwischen dem Puig Figuer (= Feigenberg, ⇧ 340 m, rechts) und dem Puig des Corb (⇧ 436 m, links) durch das Tal Can Valent 🌐. Alte Johannisbrotbäume und knorrige Olivenbäume säumen vereinzelt den Weg. Am Abzweig zum Puig des Corb (Weg 14) wandern Sie geradeaus durch das Tor und folgen dem Weg durch das Hochtal bis zum Fuß des Puig des Castellot. Hier an dem Tor mit den mächtigen Säulen haben Sie den Pass **Coll des Verger** (⇧ 325 m) 🌐 erreicht. Links am Aussichtspunkt haben Sie einen Blick durch das Tal Vall des Verger bis zu den Buchten am Meer („Ses Murades").

Der Weg führt bergab zu den **Cases des Verger**. An den verlassenen Gebäuden gibt es einen Brunnen, das erfrischende Wasser wird aber nicht kontrolliert, daher hat man zur Sicherheit ein Schild „no pot" (kein Trinkwasser) angebracht.

Hier endet der Weg 1. Sie verlassen nun den breiten Weg und folgen den blauen Markierungen des Weges 4, gehen also hinter der Viehtränke links durch das Törchen den Pfad hinauf. Nach rechts haben Sie nun schöne Ausblicke in das Tal Vall des Verger. Der Pfad biegt nach links in eine von insgesamt sieben Spitzkehren ab. An einem auffälligen Felsen ist die Höhe erreicht, dort überwinden Sie einen Zaun auf einer Leiter. Etwa 10 m hinter der Zaunleiter halten Sie in dem unübersichtlichen Wirrwarr von Ziegenpfaden links auf die Zedern zu, der Pfad führt leicht bergab und wieder bergauf durch die schulterhohen Dissgras-Puschel bis zu einem Aussichtspunkt.

Nach 20 m erreichen Sie eine kleine Ruine, hier kommt der Weg 14 vom Puig des Corb herab. Sie folgen dem Schotterweg bis zum Ende des Weges 4 am **Campament des Soldats** 🌐. In den Ruinen des ehemaligen Gefangenenlagers aus der Zeit des Spanischen Bürgerkriegs wachsen unzählige Disteln, das ist im Herbst schön anzusehen.

Spanischer Bürgerkrieg

Nach der spanischen Parlamentswahl 1936 kämpften rechte Putschisten unter General Francisco Franco gegen die Anhänger der demokratisch gewählten Regie-

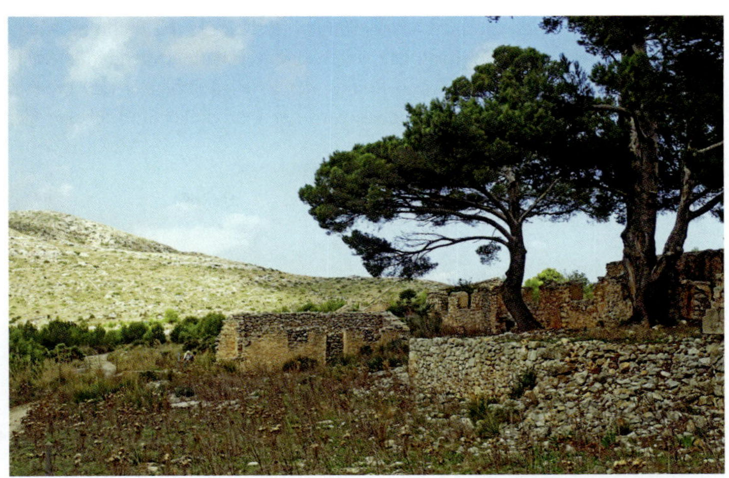

Campament des Soldats

rung der Zweiten Spanischen Republik. 1939 unterlag die regierungstreue Volksfront, Franco verkündete den Sieg und regierte als Diktator bis zu seinem Tod im Jahr 1977. Es wird davon ausgegangen, dass über 150.000 Menschen auf den Schlachtfeldern des Bürgerkriegs und in den Konzentrationslagern Francos ums Leben kamen, mehr als eine Viertelmillion Menschen ging ins Exil.

Sie wandern geradeaus durch ein Gatter, ignorieren den Einstieg zum Weg 12 und erreichen an einem Findling den breiten Weg 3 mit orangefarbenen Markierungen. Diesem folgen Sie nach links bergab. Er ist geschottert, zum Teil auch geteert und bei Radlern ebenfalls sehr beliebt.

Am Einstieg zum Weg 13 bleiben Sie auf dem Teerweg und laufen links durch die Kurve weiter bergab. Hinter einer Ruine gehen Sie durch ein Tor. Von links kommt der GR 222 hinzu, Sie bleiben auf dem Fahrweg 🌐. Nachdem Sie rechts einen Blick auf Ruinen der **Cases de s'Alqueria Vella de Dalt** aus dem 19. Jahrhundert unten im Tal Vall s'Alqueria Vella hatten, können Sie geradeaus zurück zum Startpunkt abkürzen (➲ 400 m) oder mit mir am zweiten Schild Richtung S'Alqueria Vella nach rechts durch ein Tor gehen (➲ 3 km). Nach 150 m laufen Sie links durch das Tor und erreichen nach 200 m hinter dem trockenen Bachbett des Torrent des Cocons das Wasserrad **Sinia**. Es stammt aus der Zeit der arabischen Besetzung (903-1229) und wurde 2006 restauriert.

Dort folgen Sie den braunen Markierungen des Weges 10 Richtung Mirador. Sie passieren einen ⛼ Rastplatz unter einem Schatten spendenden Olivenbaum und steigen zwischen den Ruinen der Bruchsteinhäuser des Weilers **Can Leu** bergauf. Hinter einem Törchen wird der Pfad steiler und felsiger 🌐.

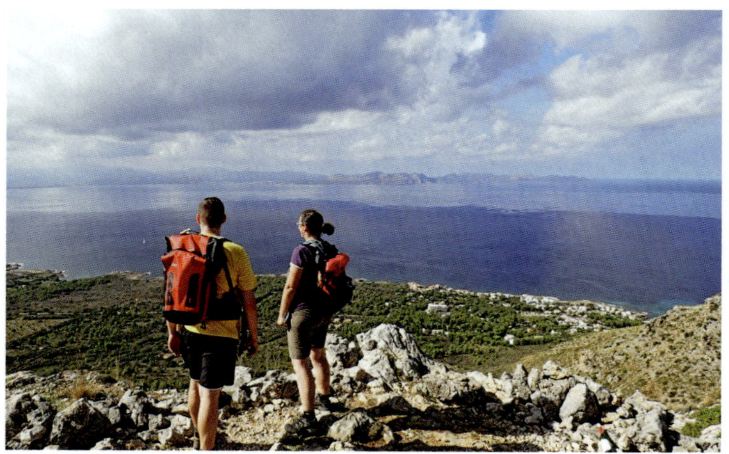

Mirador mit Blick über die Bahia d'Alcúdia

Bei den nötigen Verschnaufpausen bietet sich stets ein schöner Blick zurück hinab zum Startpunkt. Am Wegweiser gehen Sie nach links und nach etwa 3 m rechts Richtung Can Duc. Das Gelände ist sehr dem Wind ausgesetzt, der Bewuchs entsprechend niedrig.

Sie erreichen den letzten und eindrucksvollsten **Aussichtspunkt** dieser Wanderung. Dort haben Sie einen weiten Blick über die Bucht von Alcúdia bis zur Halbinsel Formentor. Hinter dem Aussichtspunkt führt der Pfad leicht bergab 🌐, hinter einer Trockensteinmauer wird er etwas steiler und trifft erneut auf den GR 222.

Hier ist ein Abstecher nach rechts zur Ermità de Betlem (Einsiedelei von 1805, ➲ 1,5 km) möglich.

Um zurück zum Startpunkt zu gelangen, bleiben Sie auf dem nach links führenden Weg 10, er passiert die Ruinen von **Can Duc** und Can Murtó 🌐. Am Metalltor halten Sie sich geradeaus an den Weg und erreichen kurz darauf den **P** Parkplatz, wo Sie die Tour begonnen haben.

20 Von Cala Mesquida auf den Es Telegraf

Für Dünenwanderer und Gipfelstürmer

Es Telegraf ist der Hausberg von Cala Mesquida. Viele Strandurlauber versuchen ihn in Flipflops zu erklimmen. Sie brechen ihre Tour aber an den steilen Stiegen unterhalb des Gipfels frustriert ab, nachdem sie sich vorher vielleicht noch lautstark über Ihre Wanderschuhe lustig gemacht haben. Wer oben ankommt, kann am Wachturm fantastische Ausblicke genießen. Der erste Teil des Weges ist sonnig, beim Abstieg vom Es Telegraf beginnt ein schattiger Waldweg.

- Start/Ziel: am Strand von Cala Mesquida, GPS N 39°44.643' E 003°25.890'
- 6,1 km
- 2 Std. 30 Min.
- 281 m/281 m
- 1-264 m
- Ruta 1.1 (dunkelblau), Ruta 2 (lila)
- Mirablau Beachbar & Restaurant am Start/Ziel, weitere Restaurants und Cafés im Ort
- Einkaufsmöglichkeiten im Ort
- unterwegs keine Sitzbänke
- Platja de Cala Mesquida am Start/Ziel
- GC6G0WV Cala Mesquida, Tradi; GC57BWX Relikt des Krieges, Reliquia de la Guerra, Tradi; GC4A3XV Es Telégrafo de Son Jaumell, Tradi; mit Abstecher: GC2BENZ 223 meters over the sea, Tradi
- Wenn Ihre Kinder keine Angst vor einem Steilstück haben, an dem manch ein Wanderer die Hände einsetzt, ist die Strecke abwechslungsreich genug.
- Die Steilhänge am Es Telegraf verhindern die Mitnahme von Buggys.
- Hunde müssen nur am Strand und auf dem Steg an die Leine genommen werden. Bitte genug Wasser mitnehmen.
- P Parkmöglichkeiten am Ende der Via Marina oder in der Via Rengada (mit Strandsymbol ausgeschildert)
- Bushaltestelle Cala Mesquida, Endhaltestelle der Linie L471 von Sa Font de Sa Cala, Capdepera und Cala Rajada (nur im Sommer, Mo bis Sa, etwa alle 90 Min.)

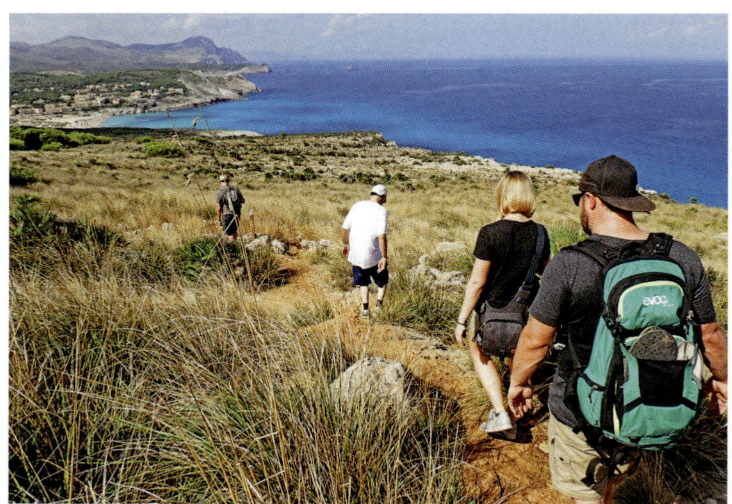

Wandern mit herrlichen Blicken auf die Küste

Der Weg beginnt am Strand von Cala Mesquida an der Infotafel zu den örtlichen Wanderwegen. Die dunkelblau markierte Ruta del Mar (Weg 1.1) führt über einen **Holzsteg** in Richtung des Wachturms Talaia de Son Jaumell hoch oben auf dem Es Telegraf. Der Steg dient dem Dünenschutz, bitte verlassen Sie ihn erst an seinem Ende. Dort folgen Sie den lila Wegweisern des Weges 2 nach links, er führt oberhalb des Strandes zu einer verfallenen Bruchsteinmauer. Dahinter halten Sie sich in dem Gewirr der vielen Pfade rechts (🌐 Cacher noch etwas geradeaus). Lila Markierungsstäbe, blaue Farbtupfer auf den Steinen und Steinmännchen helfen bei der Orientierung zwischen Dissgras und Zwergpalmen.

An der Gabelung am Ende dieses Gewirrs gehen Sie nach links und halten hinter einem kleinen Tal rechts auf die Turmruine zu. An der Grenze zum **Reserva natural integral de Cap des Freu** laufen Sie eher geradeaus als links (so wirkt der Pfeil auf dem Pfahl). Der schlecht auszumachende Pfad führt bergauf, mitunter von Stein zu Stein, ohne dass Laufspuren am Boden Ihnen die Gewissheit geben, noch auf dem rechten Weg zu sein. Schauen Sie sich immer wieder einmal um, Sie können schöne Ausblicke hinab zum Startpunkt erhaschen.

Der Weg wird wieder besser erkennbar, aber steiler, und führt zu einem Sattel kurz vor dem Gipfel des **Es Telegraf** (⇧ 273 m), auf dem Sie nach links zur Ruine des Wachturms **Talaia de Son Jaumell** wandern. Hier haben Sie eine gute Aussicht auf die Bucht Cala Agulla mit den zum Teil schon zu Cala Rajada gehörenden Hotelburgen.

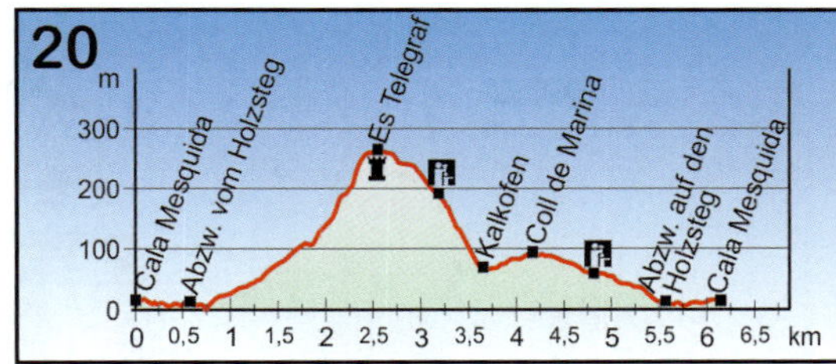

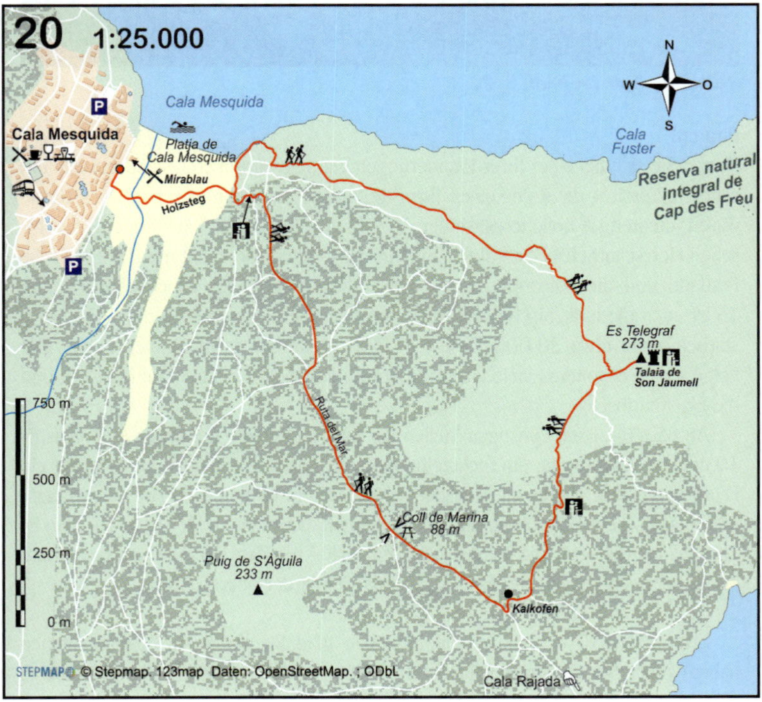

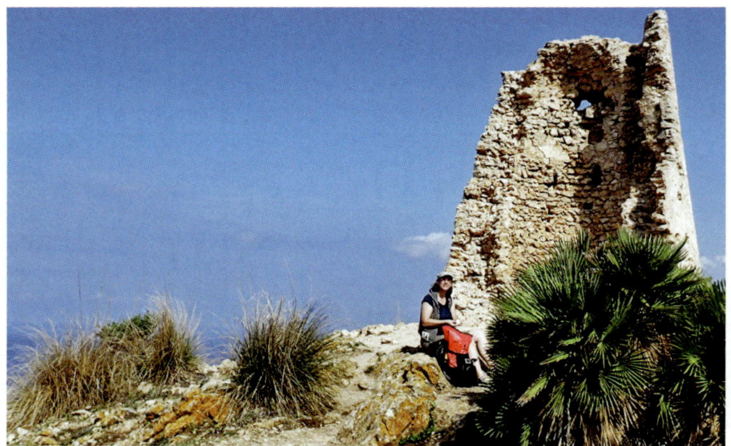

Talaia de Son Jaumell

Piraten!

Haben Sie sich bei einer Ihrer Wanderungen gefragt, warum an fast jeder Stelle mit schöner Aussicht die Ruine eines Turms zu finden ist? Wenn es keine Leuchttürme waren, dienten sie üblicherweise der Abwehr von Angriffen. Nach Ende der arabischen Herrschaft eroberten die Spanier in der Reconquista nicht nur das spanische Festland und die Balearen zurück. Kaiser Karl V. griff bei seinem Tunisfeldzug 1535 auch die afrikanische Nordküste an. Bei einem Massaker in der Stadt Tunis starben allein etwa 30.000 Zivilisten. Dies wiederum erzürnte die Araber. Die Folge waren besonders viele Überfälle der Barbaresken-Korsaren auf Mallorca und die Nachbarinseln.

An 85 strategisch günstigen Stellen der Insel bauten die Bewohner Mallorcas 8-10 m hohe Wachtürme, um rechtzeitig gewarnt werden zu können. Dazu wurde ein Feuer entzündet, nachts mit trockenem Holz für ein weithin sichtbares Licht, tagsüber mit frischem Holz für ein gut erkennbares Rauchzeichen. Der Turm auf dem Es Telegraf stammt – wie die meisten anderen auch – aus dem 16. Jahrhundert. Er war zweigeschossig gebaut, der Eingang befand sich in der oberen Etage.

Etwa 120-150 m (je nachdem, welchen Pfad Sie beim Aufstieg genommen haben) gehen Sie auf dem kleinen **Sattel** bis zu der Stelle, an der Sie eben von rechts aufgestiegen sind. Dort steigen Sie aber nicht wieder ab, sondern gehen geradeaus auf dem sanfter abfallenden Bergrücken weiter. Nun ist der Weg mit roten Farbtupfern markiert und führt in einigen Kehren bergab. Sie erreichen einen bewaldeten Hang und biegen hinter einem kleinen schattigen Aussichtspunkt rechts ab. An dem Pfosten mit den drei Markierungen in Rot, Lila und Grün gehen Sie rechts Richtung Cala Agulla und kommen nach etwa 50 m an die Ruine eines **Kalkofens**.

Kalköfen

Der Kalkstein wurde auf Mallorca zunächst in einfachen Erdgruben, später in oberirdischen Öfen zu Kalk gebrannt. Schon die Römer verwendeten den gewonnenen Flüssigkalk zum Kälken von Hauswänden, als Baustoff und in der Medizin. Für die Herstellung wurden Kalkstein und Holz benötigt, daher sind die Kalköfen stets in Waldgebieten zu finden. Der Kalkstein (Calciumkarbonat, $CaCO_3$) wurde mit Holz oder Holzkohle erhitzt. Bei etwa 800°C zerfällt er in Kalk (Calciumoxid, CaO) und Stickstoff (Kohlendioxid, CO_2).

Dort laufen Sie links hinab zu einem breiten Waldweg, auf dem sich mitunter zahlreiche Spaziergänger und Radler tummeln. Das ist wieder die Ruta del Mar (1.1, blau), die Cala Mesquida und Cala Rajada miteinander verbindet. Hier in den bewaldeten Dünen ist der Untergrund angenehm weich. Sie folgen dieser „Waldautobahn" rechts Richtung Cala Mesquida und passieren eine Ruine. Am Brunnen am Coll de Marina (⇧ 88 m) ist links ein Abstecher zum Gipfel des Puig de S'Àguila (⇧ 233 m, etwa 1 km extra) auf dem gelb markierten Weg 7 möglich.

Auf dem breiten Forstweg bleiben Sie auch am Abzweig zum Weg 8 und an der folgenden Gabelung. Sie erreichen wieder die Trockensteinmauer und folgen ihr nach rechts. Sie kommen an eine Gabelung mit einem bezaubernden Blick auf Cala Mesquida, dort laufen Sie links bergab. An der nächsten Gabelung bringt Sie der rechte Weg wieder zurück zum Holzsteg, der Sie nach links zurück zum Ausgangspunkt führt. Auf die Cacher wartet hier noch ein kleiner Schatz, für den der Steg nicht verlassen werden muss (Dünenschutz!). Das Standrestaurant Mirablau und der Strand von Cala Mesquida bieten im Anschluss an die Wanderung erstklassige Erholung.

Mirablau Beachbar & Restaurant, gehört zum Viva Hotel,
www.hotelsviva.com/de/viva-cala-mesquida-resort/gastronomie,
sehr gute Kinderkarte

Die Mitte und der Osten

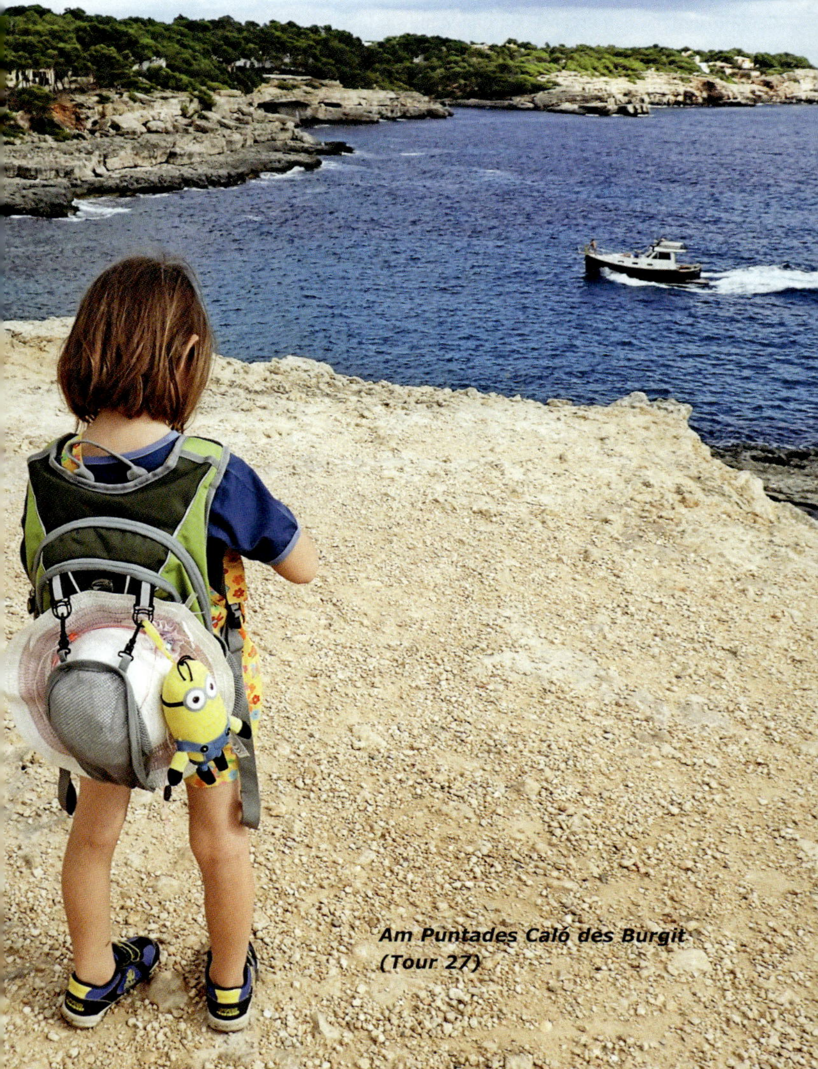

Am Puntades Caló des Burgit (Tour 27)

21 Rund um den Talaia Nova

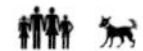

Für Freunde prähistorischer Kulturen

Abseits der üblichen Wanderrouten finden sich bei Canyamel einsame Bergpfade, hinreißende Aussichten und die einzigartige Ausgrabungsstätte Es Claper des Gegants (= Steine der Riesen). Abstecher zum Wachturm Talaia Nova und zum Cap Vermell runden die Wanderung ab. Sie führt überwiegend durch schattenlose Macchia.

Start/Ziel: am Strand von Sa Font de Sa Cala, GPS N 39°40.951' E 003°27.083'

11,1 km (davon 1,2 km Abstecher zum Cache am Talaia Vella)

3 Std. 30 Min. (Geocacher, die auch die Klettercaches heben wollen, sollten die Wanderung als Tagestour planen)

320 m/320 m

7-228 m

Ruta 1.4 (blau), Ruta 18 (hellgrün), Ruta 14 (violett)

deutsches Gartenlokal und Hotel Las Palmeras (km 10,4), weitere Restaurants und Cafés im Ort

Rastplatz kurz hinter dem Startpunkt (km 0,2), viele Rastmöglichkeiten auf Steinen in Sitzhöhe

Bademöglichkeit am Start/Ziel

GC205E8 Rocky Beach, Tradi; GC45TXW Erosión, Earthcache; GC3YFWP Cova des Vell Marí, Multi; GC20NBQ Torre Talaia Nova, Tradi; GC14702 Cap Vermell, Tradi; GC301VD Andenken, Tradi; GC1VHZF The big Cave – Arta, Tradi; GC3ENQ6 Es Claper des Gegants, Tradi. Für einige Caches benötigen Sie Klettererfahrung und -ausrüstung!

Kinder werden diese Runde eher als unspektakulär einstufen, obwohl es Geocaches, eine Burgruine, einen Spielplatz und die archäologische Ausgrabungsstätte zu sehen gibt.

Pfade, Steigungen und wegloses Gelände: keine Chance für Buggys.

Zu Beginn und im mittleren Teil der Wanderung laufen Sie an einer Straße entlang, dort ist eine Leine sicherer. Kurz vor dem Ziel muss eine Mauer auf Leitern überwunden werden. Bitte Wasser mitnehmen.

P Parkmöglichkeit in Parkbuchten am Startpunkt

Bushaltestelle Sa Font de Sa Cala, Endhaltestelle der Linie L471 von Cala Mesquida, Capdepera und Cala Rajada (nur im Sommer, Mo bis Sa, etwa alle 90 Min.)

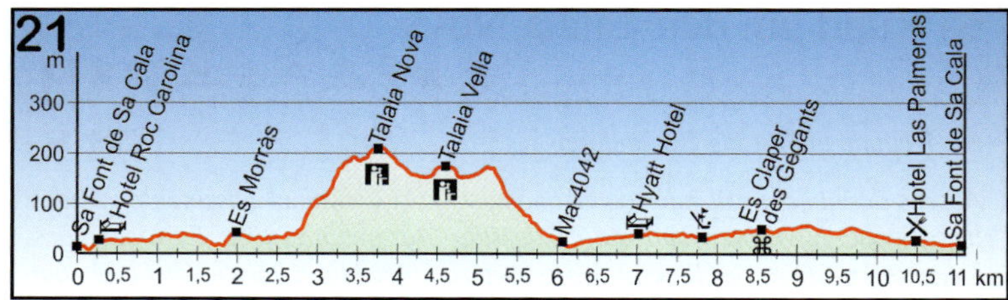

Am Strand von Sa Font de Sa Cala steht auf der linken Seite eine Infotafel, hier beginnt die Tour. Folgen Sie der Ruta 1.4 mit ihren blauen Markierungen nach rechts die Stufen hinab, biegen Sie unten links ab und laufen Sie über den **Strand**. Am anderen Ende des Strandes steigen Sie die Treppe hinauf, überqueren auf einer Brücke den Kanal und passieren das Hotel Carolina. Auf der nächsten Treppe kommen Sie an einem Picknicktisch und einer Schaukel vorbei. Am Treppenkopf biegen Sie links ab und laufen auf dem Gehweg einer Wohnstraße. Viele der Häuser hier in Cala Provencal sind Sommerhäuser. Ignorieren Sie alle nach links bergab führenden Wege und Pfade, wenn Sie kein Geocacher sind.

An der T-Kreuzung gehen Sie nach rechts, Sie kürzen damit die Halbinsel **Es Morràs** ab. Die Straße umrundet in einem langen Linksbogen ein Wäldchen, Sie laufen nun bergab und passieren den nächsten Rastplatz im schattigen Wald. Am Ende der Carrer del Vell Mari wandern Sie rechts den Betonweg hinauf und folgen oben der Wohnstraße Carrer de s'Arbocer nach links. An deren Einmündung in die Carrer des Morras gehen Sie links durch die Mauerlücke und folgen direkt dahinter dem nach rechts bergab führenden Schotterweg. An dem ehemaligen Kalkofen halten Sie sich eher rechts und kommen zu einem **Bachbett**. Dort wandern Sie links bergauf durch schulterhohe Macchia und Schatten spendende Kiefern.

An der nächsten Gabelung nehmen Sie den linken Pfad und steigen steil bergauf, blaue Punkte zeigen den richtigen Weg an. Ein flacheres Stück führt über Geröll, dahinter geht es rechts wieder steiler bergauf. Immer wenn Sie ausschnaufen müssen, sollten Sie einen Blick zurück auf den bisherigen Weg werfen, es bieten sich etliche schöne Aussichten hinab in die Bucht.

Oben auf dem Sattel wandern Sie links zu dem Wäldchen. Wenn Sie es wieder verlassen, haben Sie einen Ausblick auf die Bucht von Canyamel. Sie laufen also quasi um den Talaia Nova herum bis zu einer Pfadgabelung oberhalb einer

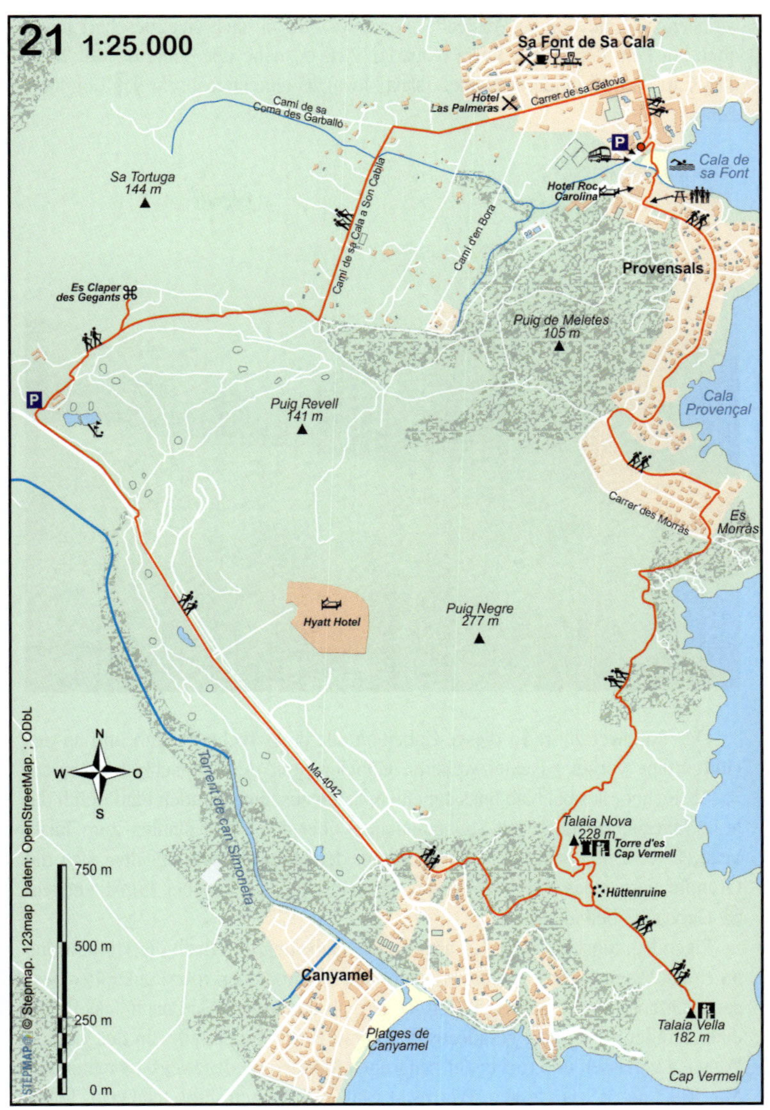
21 1:25.000
Sa Font de Sa Cala
Hotel Las Palmeras
Carrer de sa Gatova
Camí de sa Coma des Garballó
Cala de sa Font
Hotel Roc Carolina
Sa Tortuga 144 m
Camí de sa Cala a Son Cabila
Camí d'en Bora
Provensals
Es Claper des Gegants
Puig de Meletes 105 m
Puig Revell 141 m
Cala Provençal
Carrer des Morràs
Es Morràs
Hyatt Hotel
Puig Negre 277 m
Ma-4042
Torrent de can Simoneta
Talaia Nova 228 m
Torre d'es Cap Vermell
Hüttenruine
Canyamel
Platges de Canyamel
Talaia Vella 182 m
Cap Vermell
N
W
O
S
750 m
500 m
250 m
0 m
STEPMAP © Stepmap. 123map Daten: OpenStreetMap.: ODbL

verfallenen Hütte. Ein ↬ Abstecher von etwa 200 m nach links beschert Ihnen oben auf dem Gipfel des **Talaia Nova** (⇧ 228 m) nahe der Ruine des ⌘ **Torre d'es Cap Vermell (anderer Name: Talaia Nova)** 🌐 eine fantastische Rundumsicht.

Aufstieg mit Aussicht

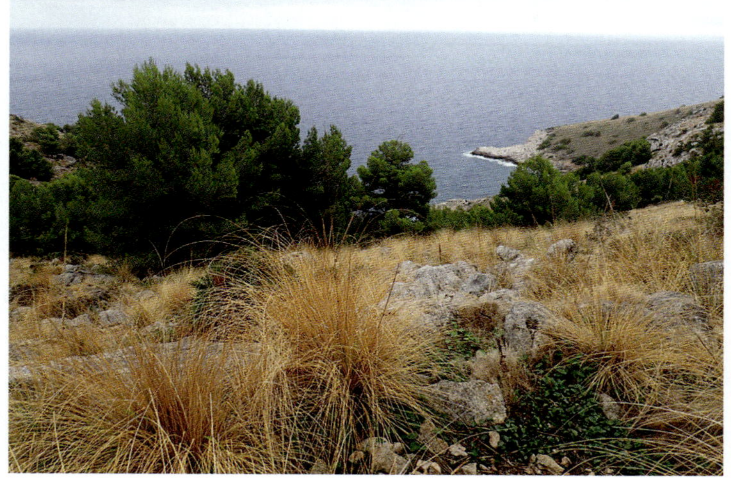

Der Rundweg führt an dieser Gabelung allerdings rechts bergab und an der Hüttenruine vorbei zu einer weiteren Gabelung mit der Möglichkeit zu einem ↬ Abstecher, diesmal halb links auf einem kaum auszumachenden Pfad durch die hohe Macchia (markiert mit Steinmännchen) über den Sattel hinüber zum **Talaia Vella** (⇧ 182 m), dem höchsten Punkt auf dem **Cap Vermell**, auf dem sich die Grundmauern eines weiteren Wachturms, ein trigonometrischer Punkt und ein 🌐 Geocache befinden.

Eigentlich führt der Weg 1.4 aber an der Gabelung unterhalb der Hüttenruine an einem Wegmarkierungspfosten nach rechts. Nun dienen rote Punkte der besseren Orientierung. Im Hang laufen Sie bergab durch den Wald nach links bis zu einer Straßenkurve, dort geradeaus bergab zu einer Stoppstraße, an der Sie den Weg 1.4 verlassen und rechts der hellgrünen Markierung des Wegs 18 neben der Ma-4042 für 1,9 km folgen. Wer nicht weiß, wie Johannisbrot schmeckt, findet

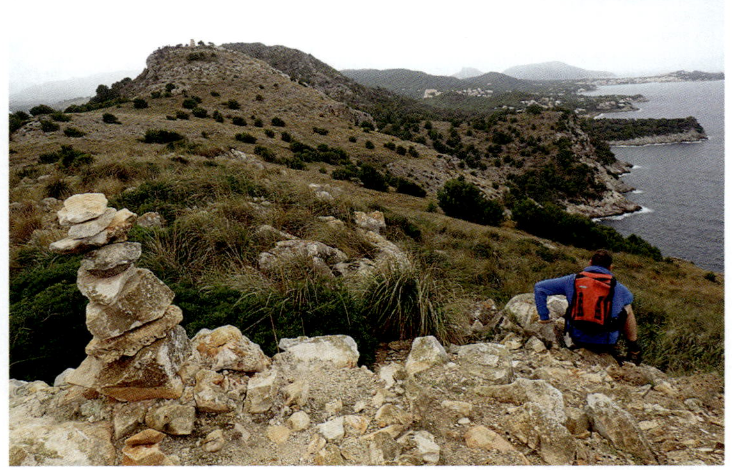

Herrliche Ausblicke am Talaia Vella

hier am Straßenrand reichlich Gelegenheit zum Probieren. Sie passieren das Hyatt Hotel und den Golfplatz von Canyamel. An dessen Ende durchqueren Sie rechts ein grünes Tor. Am Ende des P Parkplatzes folgen Sie dem Schild zum Es Claper des Gegants über den Betriebshof des Golfplatzes. 30 m nach Beginn des Teerwegs wenden Sie sich nach links und nach weiteren 20 m rechts auf dem Pfad zu einem Tor, dahinter rechts zu einer Weggabelung. An dieser Stelle geht der Weg 18 in den Weg 14 über.

Bevor Sie diesem zurück zum Startpunkt folgen, sollten Sie einen Abstecher nach links zum ⌘ **Es Claper des Gegants** machen.

Die Steine der Riesen

Die prähistorische Siedlung auf dem Landgut S'Heretat ist ein gutes Anschauungsobjekt für die frühe Besiedlung Mallorcas. Sie wurde 1998 freigelegt, ist aber weiterhin stark mit Zwergpalmen und Macchia bewachsen. Etwa im Jahr 1000 v. Chr. entstand auf einer Fläche von etwa 4.800 m² eine von einer Trockensteinmauer umschlossene Siedlung in Tropfenform. Sie misst von West nach Ost 110 m, von Nord nach Süd 65 m. Besonders gut erhalten sind der runde Talaiot (Turm) und die daran angrenzenden Gebäude, die vermutlich als Stallungen genutzt wurden.

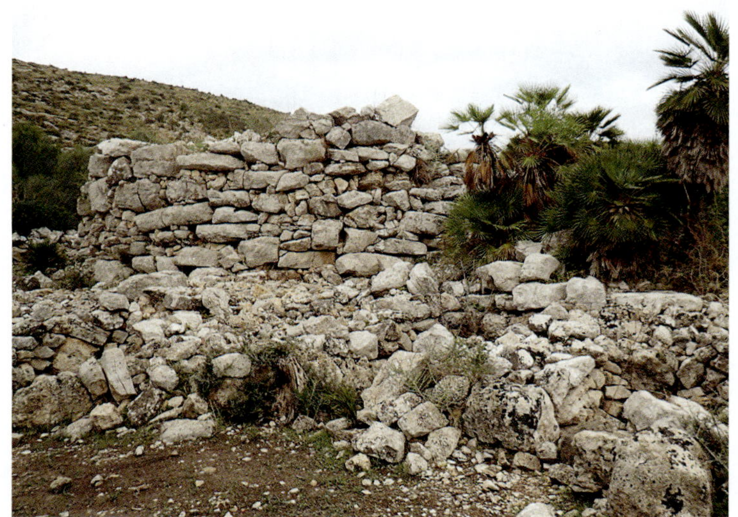

Es Claper des Gegants

Der Weg 14 mit seinen violetten Markierungen führt an der Gabelung durch das breite Tal zwischen Sa Tortuga (⇧ 144 m, links) und Puig Negre (⇧ 277 m, rechts). An den Brunnenschächten wandern Sie geradeaus auf dem Wirtschaftsweg weiter bis zu einer T-Kreuzung, an der Sie links auf zwei Leitern über eine Mauer steigen. Sie laufen den Schotterweg hinab bis zu einer T-Kreuzung, dort nach rechts. Zu beiden Seiten des Weges wachsen Mandelbäumchen und andere Nutzpflanzen in den Gärten und Hainen. Gute Gelegenheit zur Einkehr kurz vor dem Ziel bietet das Gartenlokal ✕ **Las Palmeras** mit Kinderspielplatz und Pool.

✕ Las Palmeras, Calle Gatova 34, 07589 Font de Sa Cala, ☏ 971 563 469, www.palmeras.de

Danach gehen Sie nur noch 500 m geradeaus die Straße weiter, biegen rechts ab und können sich in der Cala de sa Font abkühlen.

22 Punta de n'Amer

Für große und kleine Geocacher

Die Landzunge Punta de n'Amer zwischen Sa Coma und Cala Millor bietet spannende Erlebnisse für jede Familie: ein Naturschutzgebiet mit Themenwegen, historische Bauwerke, schroffe Küstenlandschaft und so viele Geocaches, dass mit der Suche nach diesen schnell ein ganzer Tag vergeht. Nur das letzte Viertel führt durch ein Waldstück, die restliche Strecke ist der Sonne ausgesetzt.

- Start/Ziel: am Strand von Sa Coma am Ende der Avinguda de ses Palmeres, GPS N 39°34.556' E 003°22.670'
- 7,3 km
- 2 Std. 30 Min.
- 92 m/92 m
- 2-32 m
- keine Markierungen, vereinzelte Wegweiser
- Bar Es Castell, direkt neben dem Castell de n'Amer (km 4), weitere Restaurants und Cafés in Sa Coma
- Einkaufsmöglichkeit in Sa Coma
- keine speziellen Rastplätze, aber viele Steine in Sitzhöhe
- Bademöglichkeit am Start/Ziel
- GC1Z2XR The Marès in Punta de n'Amer, Earthcache; GC17QRE Cova de ses Crestes, Tradi (in einer Höhle!); GC57FPA Na Corbana Alta, Tradi; GC12FKJ Punta de N'Amer, Tradi; GC6MA1C Castillo de la Punta de N'Amer, Tradi; GC37GBT El Castillo, Multi; Mallorca – Geological History of 2 Islands, Earthcache; GC598M2/GC598MV/GC598N3/GC598AZ/GC5989Y Aprende, cusca y encuentra - #08/#09/#10/#02/#01, Multi; GC2YJTZ Las Dunas, Earthcache; GC42DZ2 Sa Coma City, Tradi.
- Eine Maschinengewehrstellung, eine Burg, eine Höhle, etliche Geocaches und ein Strand geben kaum eine Chance für Langeweile.
- Die sandigen Wege sind nur für Buggys mit größeren Rädern geeignet, nur der feste Sand auf dem breiten Weg zur Burg ist auch mit anderen Buggys befahrbar (außer bei Regen). Der Pfad um die Ostspitze ist zudem uneben und steinig. Dennoch haben wir dort bei der Recherchewanderung vier nicht miteinander bekannte Familien mit Buggy getroffen. Wenn es schiebend nicht mehr weiterging, haben die Eltern das Kind und den Buggy ein Stück getragen.

Auf dem letzten Stück im Ort bedarf es einer Leine, Wasser gibt es nur am Start und an der Burg.

Parkmöglichkeit rund um den Startpunkt

Bushaltestelle Sa Coma, Linien L412 von Palma (Mo bis Fr alle 1-3 Std., Sa 4x tägl, So 3x tägl.), L441 von Cala Rajada (Mo bis Sa 3x tägl.), L445 (nur im Sommer, Mo bis Sa 1x tägl.) und L447 (nur im Sommer, Mo bis Sa 2x tägl.) von Port de Pollença/Alcúdia/Can Picafort, L454 von Can Pastilla/S'Arenal und Mini Trenet von Cala Millor (1x tägl.)

☺ Auf dem Weg gibt es eine nette kleine Höhle, in der auch ein Cache zu finden ist, nehmen Sie also eine Lampe mit.

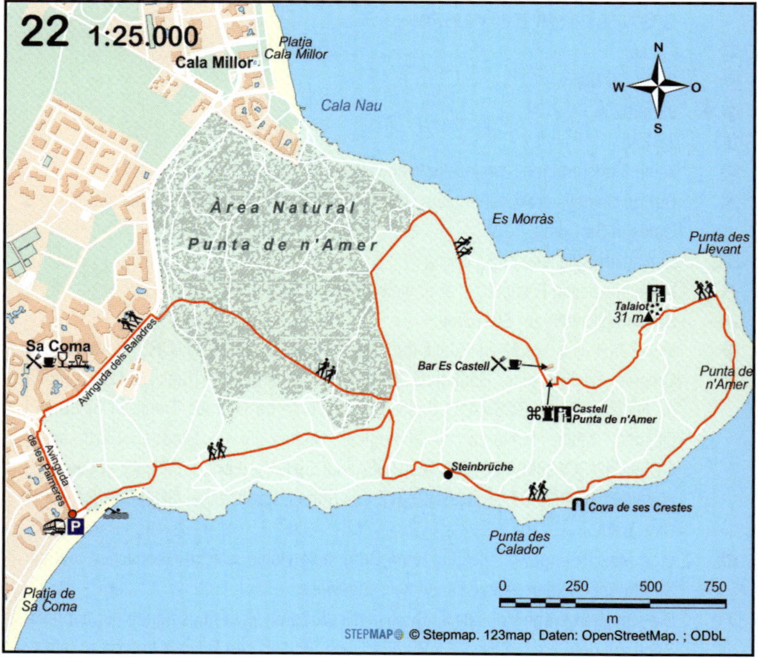

Am P Parkplatz am nördlichen Ende des Strandes von Sa Coma, genau neben der Pferdekutschenhaltestelle, beginnt ein Weg Richtung Castell Punta de n'Amer. Er führt hinter dem Strand an einer Maschinengewehrstellung aus dem

Spanischen Bürgerkrieg (1936-39, ☞ Tour 19) vorbei, auf der sich heutzutage die Urlauber sonnen. Nach etwa 250 m laufen Sie auf dem breiten Schotterweg zu einem kleinen Wäldchen aus Aleppo-Kiefern und dort neben einem Acker bergauf. Vor dem nächsten Waldstück gehen Sie rechts am Feldrand bergab zu einer T-Kreuzung. Dort biegen Sie links zu einer Trockensteinmauer ab, neben der eine weitere Maschinengewehrstellung Gelegenheit für eine Rast mit Meerblick bietet.

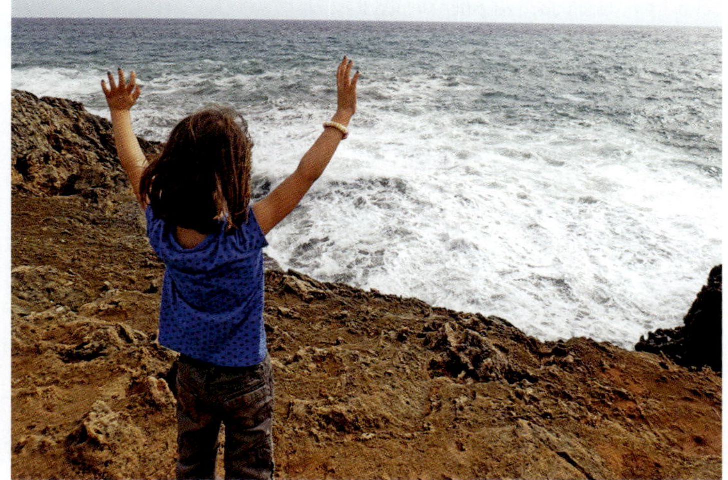

Herrlich hohe Brandung

Folgen Sie dem Pfad über die Felsen bergauf, an der Kreuzung gehen Sie links bergauf. Ein eindeutiger Weg ist nicht zu sehen, laufen Sie in dem Gewirr aus Trampelpfaden einfach immer parallel zur Küstenlinie zu den alten **Steinbrüchen** 🌐. Hier wurde besonders hochwertiges Sedimentgestein namens Marés abgebaut.

Nur 🌐 Cacher und Einheimische wissen um die kleine Doppelhöhle **Cova de ses Crestes**, die rechts des Weges liegt. Etwa bei der Koordinate N 39°34,589' E 003°23,833' ist ein kleines Loch im Fels zu finden, hinter dem sich eine Höhle befindet. Wer sich hineinwagt, entdeckt einen zweiten Ausgang zu einer größeren Höhle, die einen offenen Blick zum Meer bietet. ✋ Bei rauer See kann es in der Außenhöhle durch Gischt und hereindrückende Wellen rutschig und nass werden.

Nur 500 m Luftlinie weiter erreichen Sie ganz im Osten der Halbinsel eine Felsterrasse, auf der viele Wanderer und Spaziergänger rasten und picknicken, hier finden 🌐 Geocacher ihren nächsten Schatz. Nach dem kompletten Umrunden der Ostspitze gabelt sich der nun etwas besser mit Steinhaufen markierte Weg. Halten Sie sich an den links auf den trigonometrischen Punkt zulaufenden Pfad 🌐. Mit 31 m ist dieser **Vermessungspunkt** die höchste Erhebung der Wanderung. Nur noch die Grundmauern des auf etwa 1300 v. Chr. datierten **Talaiot** sind auf diesem Hügel zu sehen, sie sind fast vollständig erodiert oder bewachsen, laden aber zu einer kleinen Rast ein.

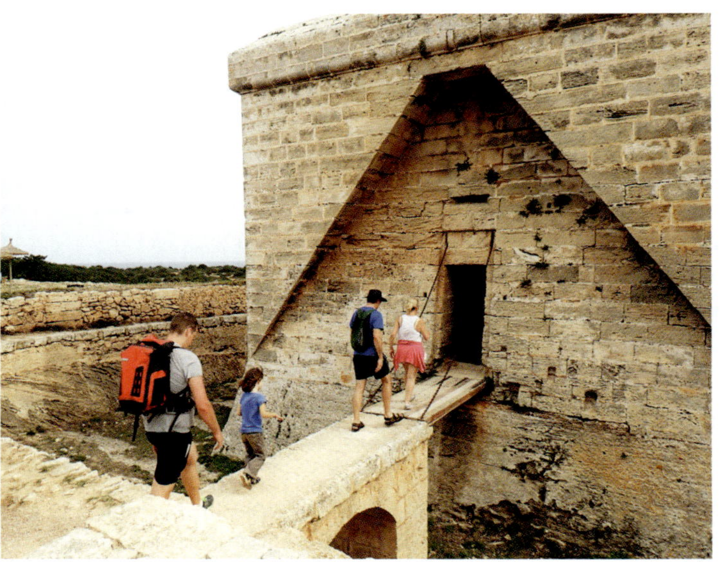

Castell Punta de n'Amer

Von dort ist das nächste Zwischenziel, das **Castell Punta de n'Amer,** schon zu sehen. Der Weg führt durch die Dünen zuerst zur Burg 🌐, direkt dahinter liegt ein ✕ Restaurant 🌐 WC.

✕ Bar Es Castell, direkt neben dem Castell Punta de n'Amer, bis 20:00 Selbstbedienung, danach mit Service, schöner Blick aufs Meer

Castell Punta de n'Amer

Wer sich beim Anmarsch unter „Castell" ein prunkvolles „Schloss" vorgestellt hat, wird sich verwundert die Augen reiben. Selbst bei einer bescheideneren Übersetzung zu „Burg" kann ein Gefühl der Enttäuschung aufkommen. Das Castell Punta de n'Amer ist nämlich nicht mehr als ein großer Wachturm. Er wurde Ende des 16. bis Anfang des 17. Jahrhunderts als Teil der Verteidigungslinie gegen die Piratenangriffe gebaut. Allerdings ist er trotzdem etwas Besonderes, denn alle anderen Türme sind kleiner und rund. Er ist gut erhalten, beherbergt eine kleine Ausstellung und ist ein beliebtes Fotomotiv.

Zwei breite Wege führen nun von der Burg weg. Der linke ist gut mit Buggys zu befahren und führt direkt zum Startpunkt zurück, auf dem rechten wandern Sie auf Cala Millor zu, bis Sie an eine Schautafel kommen. Dort folgen Sie dem sandigen Weg bergauf, der genau an der Grenze des **Dünenschutzgebietes** verläuft. Sie erreichen eine weitere Infotafel, biegen hier links ab und laufen auf einem Weg zwischen dem Dünenschutzgebiet und einem Feld (wir erspähten dort ein Rebhuhn und einige Afrikanische Schwarzkehlchen) bis kurz vor die breite Schotterpiste. Sie entdecken einen Pfad, auf dem Sie die beiden Infotafeln passieren. Nach 40 m folgen Sie an der Gabelung rechts dem Sandweg durch den schattigen Wald. Er besteht vorwiegend aus Aleppo-Kiefern, aber auch einige Zypressen sind dort zu finden. Darunter wachsen Wildkräuter und Wacholder. Nach dem offenen Gelände an der Küstenlinie mit der Lautstärke von Wind und Wellen ist es hier verblüffend still. Wer stehen bleibt und dem Vogelgezwitscher lauscht, wird Meisen, Grasmücken, Drosseln und andere Waldbewohner hören und vielleicht sogar sehen.

Eine Infotafel gibt Auskunft über die lokale Fauna, hier gehen Sie geradeaus über die Felsplatte hinab zu einer weiteren Infotafel über die Fauna. Von dort führt der Weg geradeaus aus dem Naturschutzgebiet heraus. Sie treffen auf die Straße Avinguda dels Baladres und folgen dieser nach links. An der großen Kreuzung laufen Sie links auf der Avinguda de les Palmeres zum Startpunkt, wo weitere Einkehrmöglichkeiten und der Strand einen erholsamen Ausklang des Wandertages ermöglichen.

23 Bonany und das Mandelblütental

Für kleine und große Fans von Geschichte(n)

Eine der wenigen Erhebungen in der Inselmitte Es Pla ist der Puig des Bonany bei Petra. Weithin sichtbar ist die Ermità de Bonany etwas unterhalb des Gipfels. Nur wenige Touristen verirren sich an diesen idyllischen Ort mit den grandiosen Talblicken. Die kleine Runde führt mit vielen Aussichten über den Puig durch Kiefernwald und Mandelgärten, der Weg verläuft überwiegend durch den Schatten.

- Start/Ziel: am Brunnen im Hof der ✞ Ermità Bonany, GPS N 39°35.694' E 003°05.263'
- 4,3 km
- 1 Std. 30 Min.
- 151 m/151 m
- 160-307 m
- keine Markierungen
- keine Einkehrmöglichkeiten am Weg, Restaurants und Cafés in Petra
- Getränke- und Snackautomat im Vorraum der Ermità, Einkaufsmöglichkeiten in Petra
- Rastplatz mit WC an der ✞ Ermità (km 0,1)
- GC21XVP Ermità de Bonany, Multi
- Ein Wunschbrunnen und eine spannende Geschichte zur Kirchenfigur warten als Motivationshilfe für kleine Wanderer am Beginn bzw. Ende der Tour.
- Die Pfade sind zu schmal und uneben für Buggys.
- Der schattige Weg ist gut für Hunde geeignet, sie sollten aber an der Straße hinauf zur Ermità an die Leine genommen werden. Bitte Wasser mitnehmen.
- Parkmöglichkeit an der Ermità
- Bahnhof Petra, Linie T3 von Palma (stündlich), etwa 2,5 km entfernt
- keine Busverbindung

Der Wunschbrunnen

Ein lokaler Brauch will es, dass jeder etwas von dem köstlich frischen Quellwasser aus dem Brunnen vor der Ermità schöpft, selbst wenn er keinen Durst verspürt. Denn es ist ein Wunschbrunnen! Der Überlieferung nach wird Kindern ein sehnlicher Wunsch erfüllt, wenn sie in der Kapelle die Madonna besuchen und anschließend alle Familienmitglieder mit Wasser beträufeln. Männer werden durch

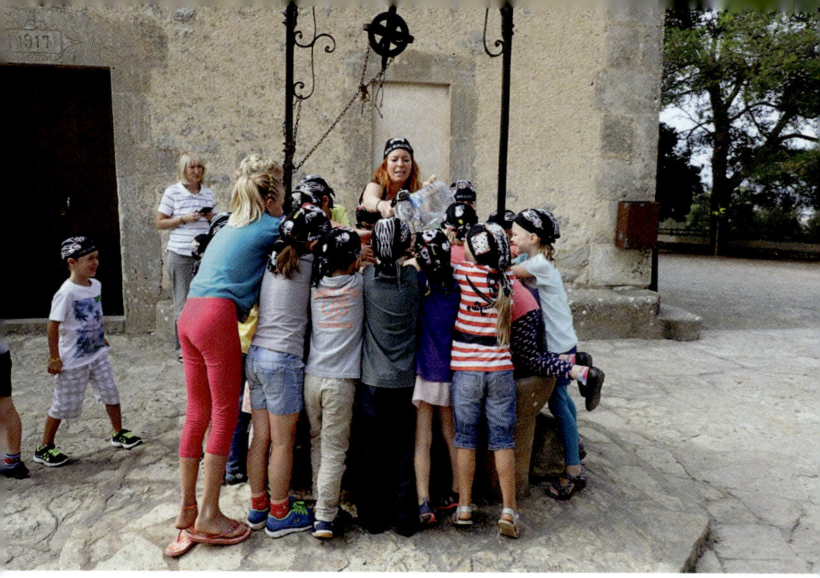

Am Wunschbrunnen

einige Tropfen auf dem Kopf vor vorzeitigem Haarausfall geschützt, Frauen gegen vorzeitige Faltenbildung. Wenn Sie keine Kinder dabeihaben, müssen Sie gegebenenfalls selbst Hand anlegen ...

Vom Brunnen laufen Sie zu den ⛩ Picknickplätzen und dort vor der Rechtskurve der Straße links durch die Mauerlücke. Sie folgen dem Pfad halb links zwischen den Bäumen für gut 400 m. Ziemlich versteckt zwischen Bäumen entdecken Sie rechts den trigonometrischen Punkt, der den Gipfel des **Puig de Bonany** (⇧ 317 m) markiert. Wer sich auf das Fundament der Säule stellt, kann über die Bäume hinweg die ✞ Ermità sehen.

Sie gehen wieder zurück zu dem Pfad und folgen diesem weiter bis zu einer Trockensteinmauer. Parallel zu ihr laufen Sie weiter und können an klaren Tagen schöne Fernblicke über den Südosten Mallorcas genießen. Vor einer Mauer mit Zaun gehen Sie links steiler bergab und folgen dieser Mauer rechts um die Ecke. Hier bieten sich schöne Blicke hinüber zur ✞ Ermità. Bleiben Sie bis zum Tor des Anwesens **Son Comill** neben der Mauer, laufen Sie dort die Zufahrt hinab und folgen Sie ihr durch eine Linkskurve. Sie erreichen eine T-Kreuzung (Camí de son Torrat) und nehmen hier den Schotterweg nach links.

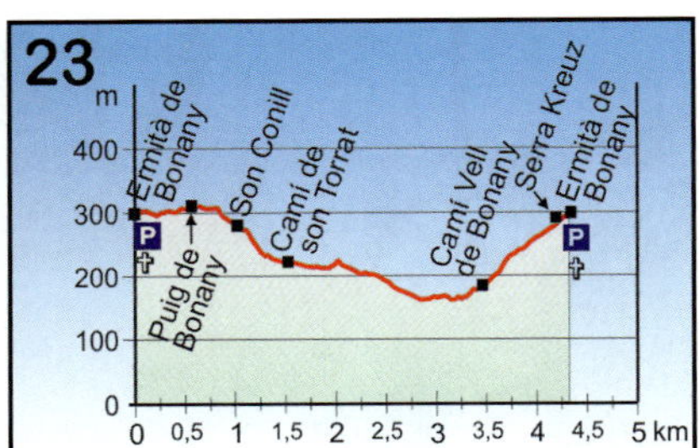

An der nächsten Gabelung führt links ein Weg direkt zur ✝ Ermità zurück, hier bleiben Sie rechts auf dem Schotterweg. Er verläuft an einigen Einmündungen und Hausgrundstücken vorbei leicht bergab und hinter einem Links-rechts-Bogen wieder leicht bergauf.

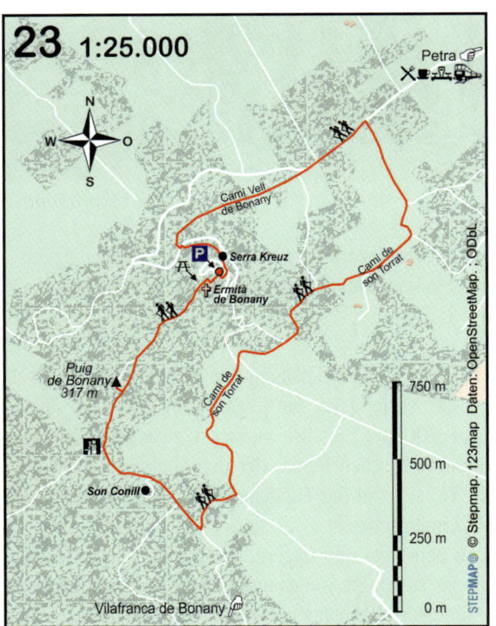

Der Camí de son Torrat endet an der Zufahrtsstraße von Petra nach Bonany, dieser folgen Sie nach links bergauf. Nach 250 m nehmen Sie an der Gabelung links den steileren Teerweg (Camí Vell de Bonany), er kürzt einige Straßenkurven ab und trifft wieder auf die Zufahrtsstraße, der Sie nach links folgen.

Nach 50 m kommt rechts der nächste Abkürzungsweg, auf diesem erreichen Sie die Erinnerungstafel und das Kreuz für den in Petra geborenen Heiligen **Junipero Serra**. An dieser Stelle soll Serra seine letzte Predigt gehalten haben, bevor er nach Amerika aufbrach. Dort gründete er insgesamt 21 Missionsstationen und benannte sie nach Heiligen. Aus vielen dieser Missionen entstanden später bekannte Städte wie San Francisco, Santa Barbara oder San Diego.

Dahinter queren Sie die Straße ein letztes Mal und steigen den Treppenweg hinauf zur ✝ Ermità de Bonany.

Gutes Jahr!

Ein Hirtenjunge soll der Sage nach kurz nach Ende der arabischen Herrschaft in einer kleinen Höhle eine hölzerne Muttergottes mit Jesuskind gefunden haben, die dort von Christen versteckt worden war. Schnell erkannte man, dass sie über außergewöhnliche Kräfte verfügte. Viele ihr gegenüber geäußerte Wünsche gingen in Erfüllung. Anfang des 17. Jahrhunderts bedrohte eine schwere Dürreperiode die Einwohner von Petra. Sie zogen auf den Berg und flehten die Jungfrau Maria um Regen an. Die Gebete wurden 1609 erhört, heftiger Regen setzte ein und brachte der Bevölkerung am Ende eine gute Ernte ein, es wurde ein *bon any*, ein **gutes Jahr**. Von dieser Zeit an entwickelte sich die Kapelle zum Wallfahrtsort und wurde mehrfach erweitert und restauriert. Der aktuelle Bau wurde nach einem Blitzeinschlag nötig und stammt von 1918-1925, das Barockportal aus dem Jahr 1789.

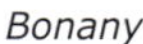

Bonany

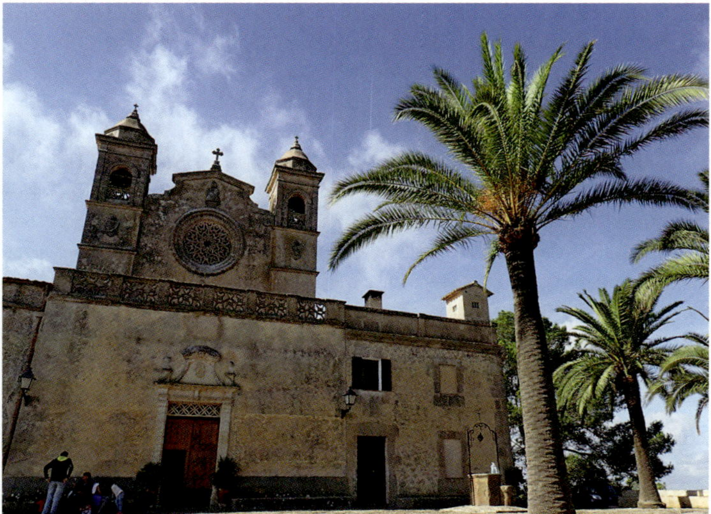

24 Felsenbrücke und Räuberhöhle

Für Mutige

Drei Mutproben umfasst diese Wanderung: Sie beginnt mit einem steilen Aufstieg durch eine Felswand, führt zu einer Felsenbrücke und von dort zu einer riesigen Höhle. An allen drei Stellen sprechen wir aber über ein gut kalkulierbares Risiko. Die abenteuerliche Wanderung wird durch einige Geocaches der unterschiedlichsten Schwierigkeitsgrade und zwei erstklassige Badestrände abgerundet. Der Weg verläuft fast ausschließlich über unbeschattetes Karstgestein, bitte starten Sie nicht ohne Sonnenschutz und reichlich Trinkwasser.

- Start/Ziel: am Strand von Cala Romantica, GPS N 39°31.029' E 003°18.517'
- 7,6 km
- 2 Std. 30 Min.
- 96 m/96 m
- 0-39 m
- keine Markierungen
- fliegende Strandbar in der Cala Varques mit frisch gepresstem Orangensaft (km 3,9), weitere Restaurants und Cafés in Cala Romantica
- keine echten Rastplätze, nur Steine in Sitzhöhe
- Cala Romantica am Start/Ziel, Cala Varques (km 3,9)
- GC34N23 ROMANtica – The Two Brothers, Tradi; GC3Z0QH Cova des Mular, Multi; GC3XV4W Cova de na Dent, Tradi; GC203CY Cova des Moro, Tradi; GC203DR Cala Falcó, Tradi; GC4PQDN DSOM – Cova des Coloms, Tradi; GC1ZJFT Pont de Roc / Cova des Pont „de sa Marina“, Tradi; GC3GN83 Blue Window, Earthcache; GC13R0T Cala Varques, Tradi; GC1ZJEX Cova des Pirata, Tradi. Für einige Caches benötigen Sie Klettererfahrung und -ausrüstung!
- Trittsichere Kinder, die sich beim steilen Einstieg in die Tour vielleicht helfen lassen, werden die vielen Höhlen und die Felsenbrücke lange in Erinnerung behalten.
- Die Strecke ist nicht buggytauglich.
- Wer seinem Hund beim Einstieg den Fels hinaufgeholfen hat, schafft auch die weiteren Hindernisse auf der Strecke. Der Untergrund besteht allerdings aus recht scharfkantigem Karstgestein. Die Höhle ist nicht durchgängig für Hunde geeignet, selbst wenn sie mutig mit hineinlaufen. Bitte Wasser mitnehmen und nur an einem bedeckten Tag laufen, die Strecke führt fast komplett durch die pralle Sonne.
- P Parkmöglichkeiten in Strandnähe

Bushaltestelle Cala Romantica, Linie 445 von Port de Pollença/Alcúdia/Can Picafort (nur im Sommer, Mo bis Sa 1x tägl.)

☺ Nehmen Sie Taschen- oder Stirnlampen mit, wenn Sie die Höhle erkunden möchten.

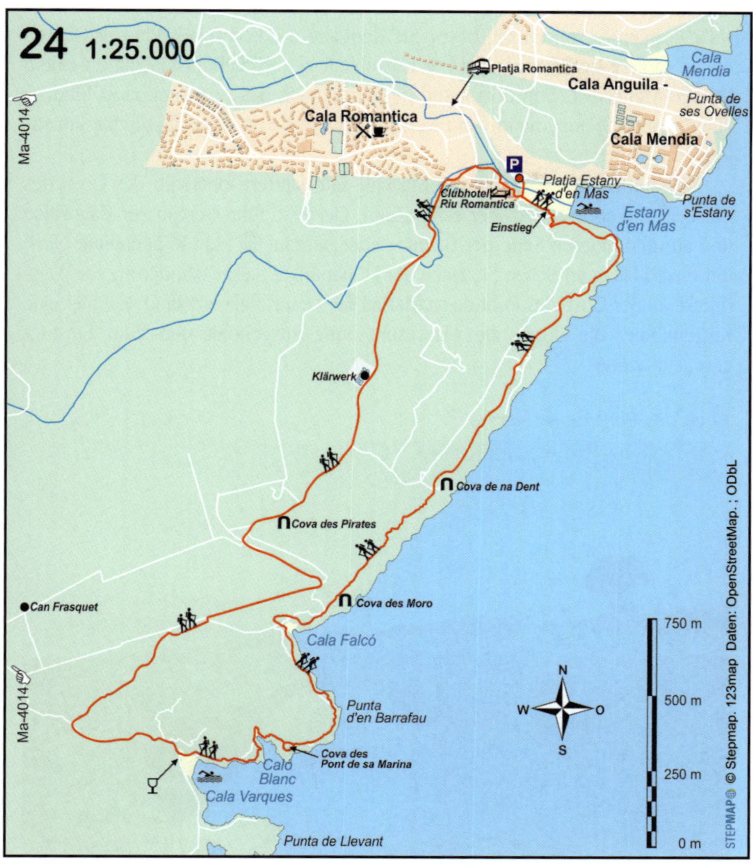

Der Strand von Cala Romantica heißt auch **Platja Estany d'en Mas**. Auf seiner südlichen Seite entdecken Sie hinter dem Überhang, etwa 50 m vom

Meeresufer entfernt, einige Löcher im Fels. Hier klettern Sie etwa 4 m den **Fels** hinauf, das ist auch für Wanderer ohne Klettererfahrung machbar.

Oben gehen Sie auf dem Pfad geradeaus bis zur nächsten Steilstufe, dort führt ein Pfad nach rechts noch einmal ziemlich steil bergauf. Wenn Sie oben angekommen sind, halten Sie sich links und können einen Blick auf den Ort Cala Romantica werfen 🌐, bevor Sie dem kaum erkennbaren Pfad die Felsen hinauf folgen. Er führt parallel zur Küstenlinie durch dichte Macchia zu einem kleinen Mauerrest. Von dort leitet Sie ein deutlich besser erkennbarer Pfad zu einer großen Steinpyramide und weiter zur **Cova de na Dent** 🌐, die Sie umlaufen.

Sie wandern weiter durch die Macchia und klettern oberhalb der Cova des Moro 🌐 auf einer Leiter über einen Zaun. Der Pfad führt bergab zur **Cala Falcó** und auf der anderen Seite der Bucht wieder bergauf 🌐 zum Klippenpfad. Nach nur etwa 200 m erreichen Sie einen der Höhepunkte dieser Wanderung: die Felsbrücke an der **Cova des Pont de sa Marina** 🌐. Ursprünglich befand sich hier eine Küstenhöhle, die durch die Meeresbrandung ausgehöhlt und zum Einsturz gebracht wurde.

Cova des Pont de sa Marina

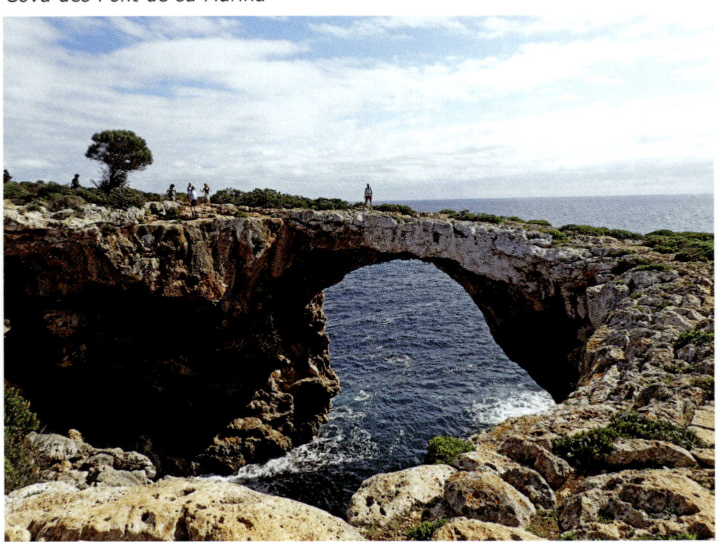

Die meisten Wanderer gehen einmal im Kreis um die eingestürzte Höhle herum, laufen also über die **Felsbrücke**. Sie ist breiter als gedacht und sogar mit jüngeren Kindern (zur Sicherheit vielleicht an der Hand) problemlos zu begehen.

Dahinter senkt sich der Pfad zu einer kleinen Bucht, hier gehen Sie halb links über den Felssims zur Badebucht **Cala Varques**. An schönen Tagen ist dort auch eine mobile Bar geöffnet. Voll oder gar überfüllt ist dieser bezaubernde Strand wegen seiner Lage nie.

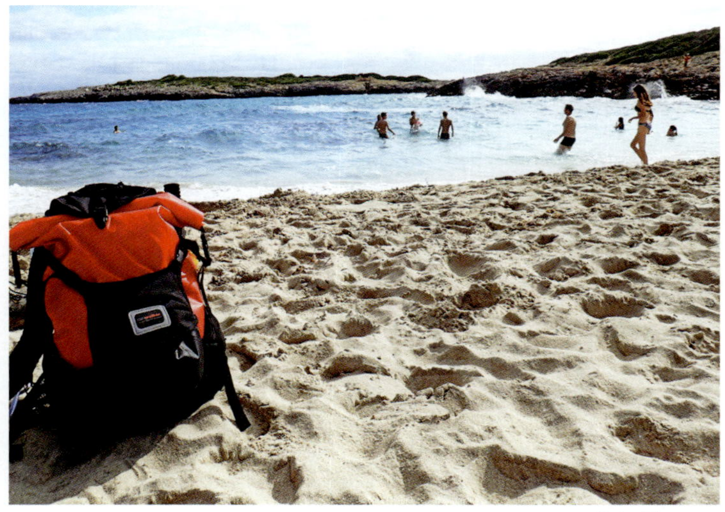

Cala Varques

Folgen Sie am Strand rechts dem Sandweg, auf dem die Badegäste zum Strand laufen. Er leitet Sie leicht bergauf in ein Wäldchen. Nach etwa 500 m zweigt rechts ein unauffälliger Pfad ab (GPS N 39°30.062' E 003°17.486'), der stetig nach Nordosten führt. Sie steigen über eine Mauer, laufen dahinter geradeaus zur nächsten Mauer und folgen dem dort parallel zur Mauer verlaufenden Pfad nach rechts zu einem breiteren Weg, dem Sie ebenfalls nach rechts folgen.

An einem Tor gehen Sie geradeaus (rechter Hand sehen Sie die Zaunleiter, über die Sie auf dem Hinweg gestiegen sind), dahinter wandern Sie links auf dem Wirtschaftsweg parallel zur Mauer weiter. Nach etwa 300 m nehmen Sie den nach rechts führenden Weg, ignorieren einen von hinten links kommenden und erreichen ein kleines Wäldchen, in dem die **Piratenhöhle** 🌐 liegt. Den Eingang erreichen Sie, indem Sie scharf rechts dem unscheinbaren Pfad folgen (GPS N 39°30.421' E 003°17.969')

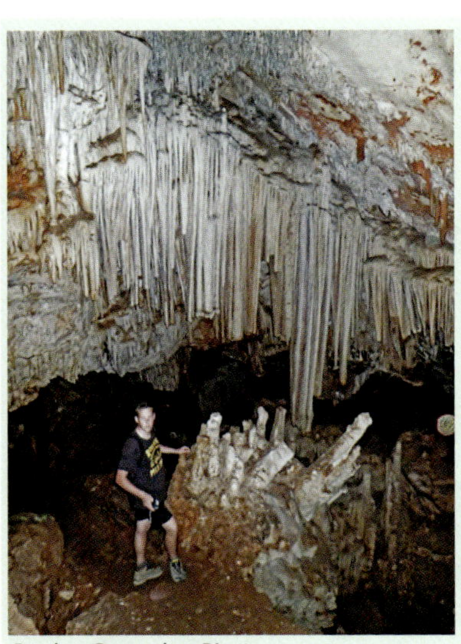

In der Cova des Pirata

Cova des Pirates

Machen Sie sich auf einen spannenden Ausflug unter die Erde gefasst, wenn Sie das Glück haben, den Höhleneingang geöffnet vorzufinden. Etwa 800 m misst das Gang- und Höhlensystem der Cova des Pirates, die unterirdisch mit der über 1 km langen Cova des Pont verbunden ist. Ausgebaute Wege und Stufen locken immer tiefer in die Höhle.

Wenn Sie keine Erfahrung mit Caving (Höhlenwandern) haben, gehen Sie bitte nur so tief in die Höhle, wie Sie ohne jeden Zweifel auch den Rückweg finden. Eine eigene Lampe für jeden Beteiligten reduziert die Sturzgefahr. Vorsicht: Die unterirdischen Teiche und Seen sind zum Teil so klar, dass Sie das Wasser erst im letzten Moment wahrnehmen.

Auf dem Pfad gehen Sie zurück zum Weg, diesem folgen Sie nach rechts. Wenn er sich gabelt, bleiben Sie links auf dem breiten Weg. An der Gabelung mit dem Brunnen laufen Sie nach rechts. Sie passieren ein Klärwerk und laufen auf dessen Zufahrt bergab. Wenn das Tor geschlossen ist, schlüpfen Sie links durch die Zaunlücke. Nun befinden Sie sich auf dem weitläufigen Terrain des Clubhotels Riu Romantica, biegen rechts ab und erreichen den öffentlichen Strand **Platja Estany d'en Mas** am Startpunkt.

25 Der heilige Berg Mallorcas: Puig de Randa

Für Liebhaber von Sakralbauten

Zwar ist der Puig de Randa mit seinen 542 m nicht der höchste Berg Mallorcas, aber er ist einer der auffälligsten. Hoch über die Ebene erhebt sich dieser Tafelberg und bietet traumhafte Fernblicke fast über die gesamte Insel und bis nach Ibiza. Gleich drei Klöster befinden sich auf dem Berg, er ist damit nach dem Santuari de Lluc das zweitwichtigste Wallfahrtsziel der Insel. Der Rundweg führt mit nur wenigen schattigen Abschnitten durch die Sonne.

- Start/Ziel: an der Tordurchfahrt zum Santuari de Gracia, an der Straße Ma-5018 von Randa nach Cura bei km 1,4, GPS N 39°31.122' E 002°55.446'
- 3,9 km
- 1 Std. 30 Min.
- 211 m/211 m
- 336-545 m
- keine Markierungen
- Santuari de Cura (km 2,1), weitere Restaurants und Cafés in Randa
- keine speziellen Rastgelegenheiten, Mäuerchen und Steine an den Klöstern und am Wegesrand
- GCM947 T&D 017 – Mallorca I – El Puig de Randa, Multi; GC6EM8C Barobride, Tradi; GC1P975 Antenna Forest, Tradi; GC6D8VY Santuari de Cura, Rätsel-Cache
- Der steile Geröllhang auf dem Rückweg ist gefährlich für Kinder.
- nicht für Buggys geeignet
- Bitte tun Sie Ihrem Hund das Steilstück auf dem Rückweg nicht an. Wer für den Rückweg auf die Straße ausweicht, benötigt wegen des zu manchen Zeiten hohen Fahrzeugaufkommens unbedingt eine Leine. Bitte Wasser mitnehmen.
- Parkmöglichkeit hinter dem Tor zur Ermità das Santuari de Gracia
- Bushaltestelle Randa oder Cura, Linien L456 von Cala d'Or/Portocolom (nur im Sommer, Do 1x), L459 von Can Pastilla/S'Arenal (nur im Sommer, Sa 1x)
- Bei Regen ist die Wanderung schwieriger!

Sie gehen durch den Torbogen zur Ma-5018 und folgen ihr für etwa 50 m nach rechts bis zu einer Linkskurve, hier nehmen Sie den halb rechts abgehenden Pfad bergauf. Nach weiteren ca. 50 m laufen Sie an der Gabelung rechts bergauf.

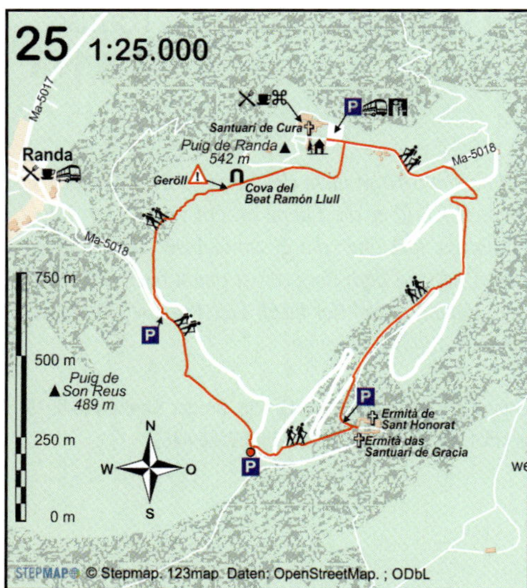

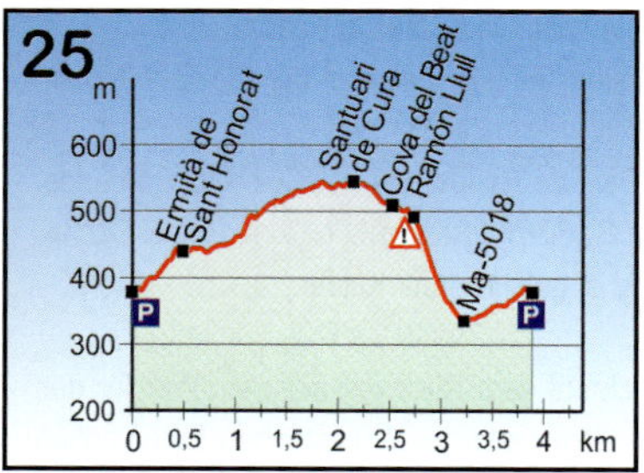

Hinter einer Mauerlücke folgen Sie dem rechts bergauf führenden Pfad, er unterquert eine Stromleitung und verläuft zwischen der Straße und der Klostermauer hinauf zur ✝ **Ermità de Sant Honorat**. Die Kapelle wurde 1394 gebaut und 1670 durch den heutigen Bau ersetzt. Das Kloster stammt aus dem Jahr 1890. Diese Einsiedelei ist für unangemeldete Besucher nicht geöffnet, die wenigen noch verbliebenen Ordensbrüder leben in Klausur.

Laufen Sie auf der Klosterzufahrt leicht bergab zur Ma-5018, der Sie nach rechts folgen. Genau im Scheitelpunkt der Haarnadelkurve hinter dem Straßenkilometer 2,7 können Sie auf dem steilen Pfad erneut die Straße abkürzen. Etwa 20 m nach dem Kilometerstein 3,5 führt der Abkürzungspfad rechts ein kleines Treppchen hinauf und verläuft zunächst parallel zur Straße. Etwa 10 m vor der Straße gabelt sich der Pfad, hier gehen Sie rechts etwas unterhalb der Straße weiter. An der nun folgenden T-Kreuzung laufen Sie links zur Straße, überqueren diese und wandern auf dem breiten Schotterweg auf die große Sendeanlage zu. Folgen Sie der Straße nach links bis zum ✝ **Santuari de Cura** ✕ ☕ 🌐 ⌘.

✝ Das Santuari de Cura ist das größte der drei Klöster auf dem Puig de Randa. Es wird von Franziskanern bewohnt und bewirtschaftet. Es entstand nach

1229 aus einigen Einsiedeleien. Zu dem Kloster gehören ein kleines Museum zum Leben und Wirken des Ramon Llull und ein Klostergarten.

Santuari de Cura, Puig de Randa, ☎ 971 120 260, www.santuaridecura.com, März bis Okt 8:30 bis 21:30, Winter Mo bis Fr 9:00 bis 17:00, Sa, So und Fei 9:00 bis 18:00. ☺ Der Mandelkuchen in der Caféteria ist ein Traum!

Vom Parkplatz haben Sie eine fantastische Aussicht hinab in die Ebene.

Fernblicke in die weite Ebene vom Parkplatz am Santuari de Cura

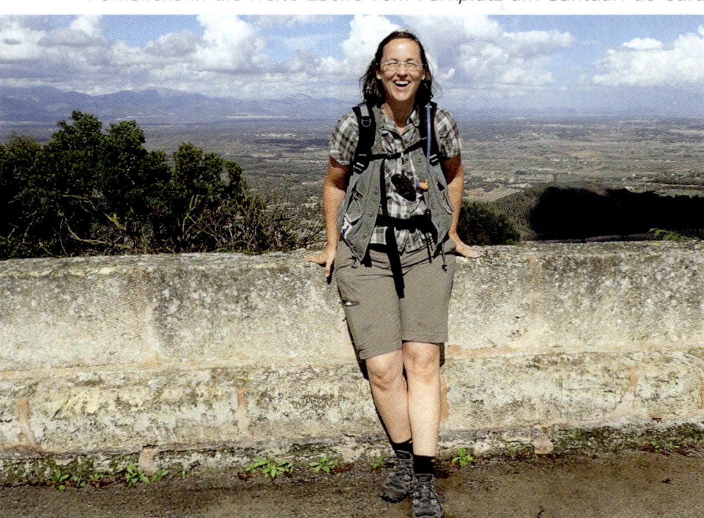

Beim Verlassen des Klostergeländes durch das Tor nehmen Sie die nach rechts führende Straße. Sie endet an einem Tor, folgen Sie dem Pfad links davon neben der Mauer bis zu einem Metalltor. Dahinter gelangen Sie zur Höhle von **Ramon Llull**.

Der Vorzeige-Einsiedler Ramon Llull

Schon im Klostergarten vor dem Museum wird Ihnen die Statue des bärtigen Eremiten aufgefallen sein. Der Franziskaner Ramon Llull (*1232 oder 1236, †1316)

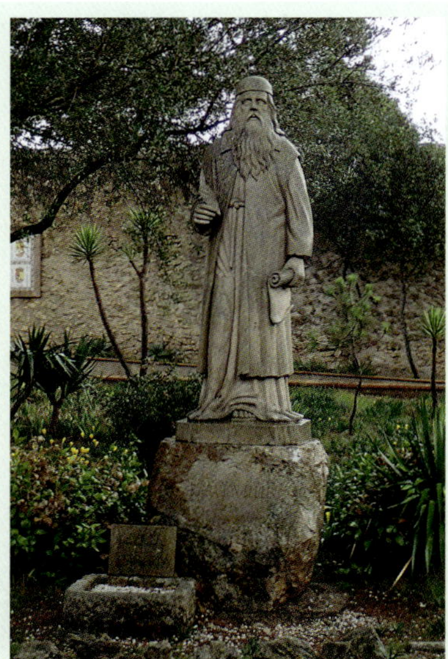

Ramon Llull im Garten des Santuari de Cura

war Theologe und Philosoph, Schriftsteller und Logiker. Sein literarisches Gesamtwerk umfasst mindestens 265 Werke in Latein, Arabisch und Katalanisch. Er gilt damit als der Begründer der katalanischen Literatur.

Llull übte eine anregende Art der Missionierung aus: Ihm war es wichtig, dass Christen, Juden und Muslime gute Beziehungen unterhielten und in Frieden zusammenlebten. Er vermittelte andersgläubigen Menschen zwar seine Ideale, ließ ihnen aber ihre Kultur, Religion und Würde. Alles Schöne und Wahre im Menschen sollte bewundert oder zumindest respektiert werden, auch wenn man sich in Sprache, Glauben, Weltanschauung oder Gewohnheiten voneinander unterschied. Das war gelebte Ökumene, die ihm zu Lebzeiten viel Ärger mit der römischen Kirche einbrachte, aber bis in die heutige Zeit Respekt und Hochachtung beschert.

Kurz vor Ende der Felswand suchen Sie links nach dem kaum auszumachenden Pfad. Er führt über grobes Geröll zunächst parallel zur Stromleitung steil talwärts. Am Ende der **Geröllhalde** (✋ Sturzgefahr) wandern Sie an der T-Kreuzung links leicht bergab.

Sie erreichen die Bergstraße Ma-5018 in einer Serpentine und folgen ihr für etwa 100 m geradeaus bis zu einem verrosteten Eisentor. Dort steigen Sie links von der Straße und folgen dem scharf nach links führenden Pfad. Er führt schattig bergauf zum Startpunkt am ✝ **Santuari de Gràcia**. Das unterste und kleinste der drei Klöster auf dem Puig de Randa ist am Ende der Wanderung noch einen kleinen ↳ Abstecher wert. Im 15. Jahrhundert errichteten die Franziskaner hier eine Kapelle, die zum Teil in eine Steilwand gebaut wurde und eine kleine Höhle einbezog. Die Kapelle wurde 1622-1691 durch eine größere Kirche ersetzt.

26 Vom Puig de Sant Salvador zum Castell de Santuari

Für ausdauernde Wanderer und Kulturinteressierte

Diese Tageswanderung führt Sie zeitlich tief ins Mittelalter zurück. Dabei wandern Sie vom Klosterberg Puig de Sant Salvador auf Bergwegen zum Burgberg Puig de Carritxó, durchs Tal zum Fuß des Puig de Sant Salvador und dort auf dem Kreuzweg zurück zum Kloster. Die Strecke ist zu etwa gleichen Anteilen schattig und sonnig.

Start/Ziel: am Santuari Sant Salvador, GPS N 39°27.282' E 003°11.281'

15,2 km

5 Std.

571 m/571 m

156-490 m

vereinzelte Markierungen mit Farbklecksen oder Pfeilen

Petit Hotel Sant Salvador am Kloster, weitere Einkehrmöglichkeiten in Felanitx

Einkaufsmöglichkeiten in Felanitx

Rastgelegenheiten am Start/Ziel und an der Burgruine (km 4,7)

GCKJT3 Ermità San Salvador, Tradi; GC19JD8 Cova – Castell de Santueri, Tradi (der Ticketverkäufer an der Burg verwehrt den kurzen Zugang!); GC1YX1C Foot of San Salvador, Tradi

Drei Caches und eine Burgruine können vielleicht einen Ausgleich für den langen Weg und den steilen Aufstieg bieten. Vorsicht am Straßenrand und bei den Straßenquerungen!

Buggytauglich ist diese Runde leider nicht.

Hunde können diese Strecke weitgehend ohne Leine laufen, allerdings sind das Straßenstück hinter dem Castell und die vielen Straßenquerungen hinauf zum Puig de Sant Salvador angeleint sicherlich stressfreier. Bitte Wasser mitnehmen.

P Parkmöglichkeiten am Fuß und oben auf dem Puig de Sant Salvador sowie am Castell de Santueri

Bushaltestelle Felanitx, Linien L425 von Cala d'Or/Manacor (5x tägl.), L490 und L491 von Palma (beide alle 1-2 Std.), 2 km zum Kreuz am Fuß des Klosterberges

Die Wanderung kann natürlich auch auf dem P Parkplatz am Fuß des Klosterbergs begonnen werden, wenn Sie diesen Aufstieg lieber zu Beginn erledigt haben wollen.

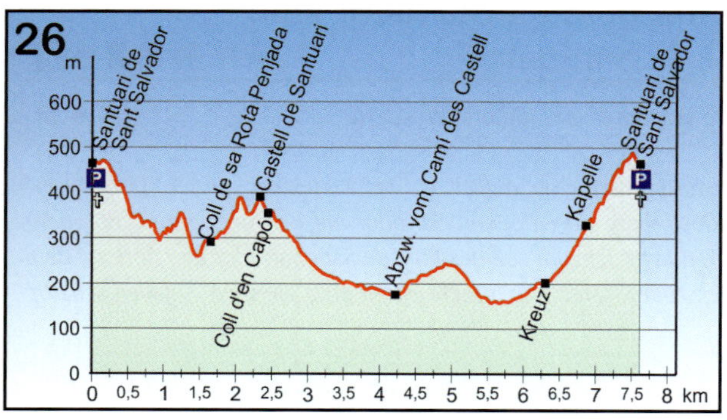

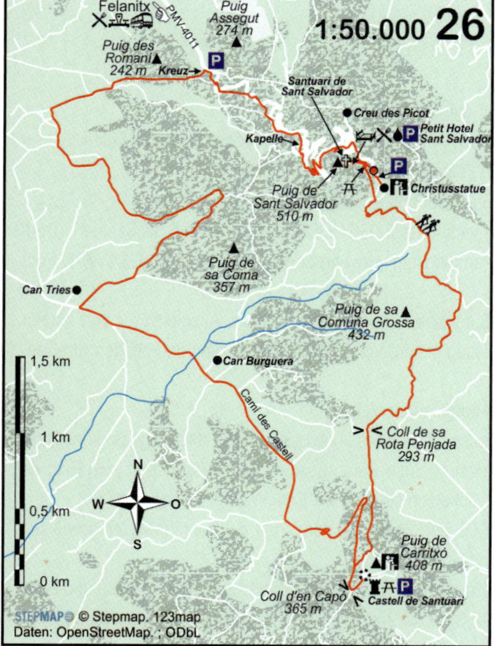

Sie können an beiden Enden des Tafelberges **Puig de Sant Salvador** parken und starten. Am nordwestlichen Ende befinden sich das **Kloster** und das Hotel-Restaurant, am südöstlichen Ende erhebt sich die 7 m hohe **Christusstatue** hoch über der Ebene.

Zwischen der Säule und dem Kloster, genau gegenüber vom Funkmast, nehmen Sie den bergabführenden Weg an den ⊼ Picknicktischen entlang. Der Weg biegt nach rechts ab (links 🌐) und führt in Serpentinen neben einem Mäuerchen bergab und durch ein kleines Tor. Sie laufen nun neben einem Zaun den Sattel hinab zu einem weiteren Tor, dort folgen Sie dem Pfad geradeaus. Er führt unter Kiefern zu einer Zaunlücke und dahinter rechts am Zaun entlang bergab (roter Punkt). An der Gabelung gehen Sie rechts (grüner und blauer Punkt) und treffen auf einen breiteren Weg, dem Sie nach rechts folgen (roter, grüner und blauer Punkt). Er wird schmaler und erreicht eine Gabelung mit Blick hinüber zum Burgberg, hier gehen Sie geradeaus weiter (grüner Punkt) und an der nächsten Wahlmöglichkeit geradeaus durch die Mauerlücke (roter Punkt). Dies ist der in manchen Karten eingezeichnete Pass **Coll de sa Rota Penjada** (⇧ 293 m).

Sie treffen auf einen anderen Weg und folgen diesem nach rechts bergauf (grüner Punkt). An einer Einmündung von rechts gehen Sie geradeaus, der Weg führt neben einer Mauer genau auf den Burgberg zu. Sie wandern durch eine Mauerlücke und auch dahinter parallel zur Mauer weiter. An einer Schotterpiste trennen sich die Wege: 🌐 Geocacher werden während der Öffnungszeiten der Burg die Piste queren, ihrem GPS geradeaus bergauf bis zum Fuß des **Felsplateaus** folgen und dort nach links ihr Glück versuchen (von dort sind es nur noch 170 m Luftlinie bis zum Cache), Freunde schmaler Pfade steigen auch bis zum Fuß des Felsplateaus auf, suchen sich dann aber am Fuß der Felsen rechts einen Pfad zur Burgzufahrt (so verläuft mein Track). Andere Wanderer werden dem bequemeren Weg rechts bis zur Zufahrtsstraße folgen und auf dieser zur Ruine des ♜ **Castell de Santuari** wandern. (Von dort ist der 🌐 Cache auch erreichbar, wenn der Eintrittskarten verkaufende Muggel Sie nicht davon abhält).

Castell de Santuari

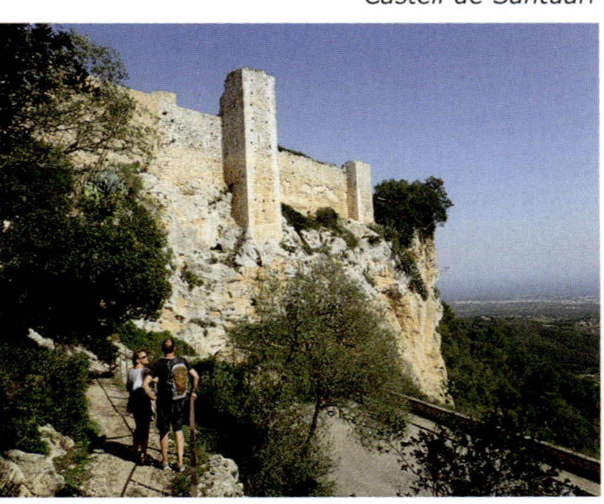

Wechselvolle Geschichte

Bei fast jeder Wanderung werden Sie durch verfallene Bauwerke an die Geschichte Mallorcas erinnert. Die Lage der Balearen zwischen Europa und Afrika machte die Inseln zum Zankapfel aller Herrscher und Kulturen. Auf dem Burgberg können Sie alles in kompakter Form erleben, hier oben haben sich in den letzten zwei

Jahrtausenden schon viele Kämpfer verschanzt: Die frühesten Mauerreste werden auf 123 v. Chr. datiert, sie werden den Römern zugeschrieben. Im frühen 10. Jahrhundert wurden sie unter maurischer Herrschaft für das Emirat von Córdoba ausgebaut. Ein volles Jahr konnte die Festung gegen die 1229 einsetzende Reconquista verteidigt werden. Die siegreichen Spanier unter König Jaume I. von Aragon schleiften sie dann bis auf die Grundmauern, bauten sie aber im 14. Jahrhundert wieder neu auf. Bis ins 18. Jahrhundert diente die Burg der Abwehr von Piraten, seither verfällt sie.

Sollte das Castell geöffnet sein (Apr bis Okt tägl. 10:00 bis 18:30, Nov bis März Sa, So und Fei 10:30 bis 14:30), haben Sie oben vom Plateau des **Puig des Carritxó** (408 m) einen schönen Fernblick hinüber zum Klosterberg.

Zurück geht es auf der Castellzufahrt. Etwa 3,8 km haben Sie vom Castell zurückgelegt, wenn auf einer Mauer ein grüner Pfeil rechts in einen Schotterweg zeigt. Folgen Sie dem Pfeil. Nach 450 m – Sie hatten gerade einen schönen Blick rechts zum Kloster hinter dem 357 m hohen Puig de sa Coma – halten Sie sich links. An der nächsten Gabelung etwa 500 m weiter laufen Sie rechts bergauf. Nach weiteren 500 m folgen Sie scharf links dem Weg (links am Baum müsste ein grüner Pfeil zu finden sein). Ungefähr nach 600 m verlässt er an einem Mauerrest den Wald und führt am Feldrand weiter. Neben einer Natursteinmauer laufen Sie bergab zu einer kleinen Finca mit der Hausnummer 49, dort folgen Sie rechts vom Gebäude der Zufahrt. Sie wandern nun neben einer Bruchsteinmauer mit Betonabschluss an einem Orangengarten und einem Gebäude vorbei. Folgen Sie der Schotterpiste durch den Rechtsbogen. Vor der Linkskurve und der Stromleitung nehmen Sie den nach rechts bergauf führenden Pfad. Nach etwa 50 m lassen Sie sich von einem weiteren Pfad nicht irritieren, sondern gehen hinter dem Mauerrest geradeaus weiter bergauf.

Bleiben Sie zwischen der Stromleitung und dem Zaun, d. h., Sie gehen an der Gabelung rechts bergab durch eine kleine Senke, dann halb rechts bergauf zu einer T-Kreuzung und dort rechts auf dem Schotterweg bergauf. Hinter zwei Fincazufahrten endet der Weg an einem Tor. Etwa 30 m davor nehmen Sie links den Pfad bergab durch die Senke und dann hinauf zu einem Zaun. Der Pfad bringt Sie über eine eingefallene Mauer zu einem anderen Fahrweg, dem Sie nach rechts bergauf folgen. Nun haben Sie wieder einen Blick auf den Klosterberg hoch über dem Tal (rechts) und erreichen eine Gabelung mit Findlingen. Dort gehen Sie geradeaus zur Zufahrtsstraße zum Klosterberg P.

Linker Hand steht ein **Kreuz**. Nachdem Sie sich dies angesehen haben, gehen Sie – ohne die Straßenseite zu wechseln – etwa bis zur Mitte des großen P **Parkplatzes**. Dort beginnt der Aufstiegsweg zum Kloster, der weiter oben zum Kreuzweg wird. Einige Holzpfosten mit roten Punkten helfen bei der Orientierung.

Sie queren sechsmal die Straße und erreichen eine Gabelung, an der beide Wege zum Ziel führen. Links ist es ein steiler Weg, rechts eine Treppe, beide bringen Sie zur Straße. Am Treppenkopf laufen Sie rechts auf der Straße bis zu einer Haarnadelkurve, dort gehen Sie geradeaus und erreichen eine **Kapelle**, die zum Kreuzweg gehört.

Kleine Kapelle am Kreuzweg

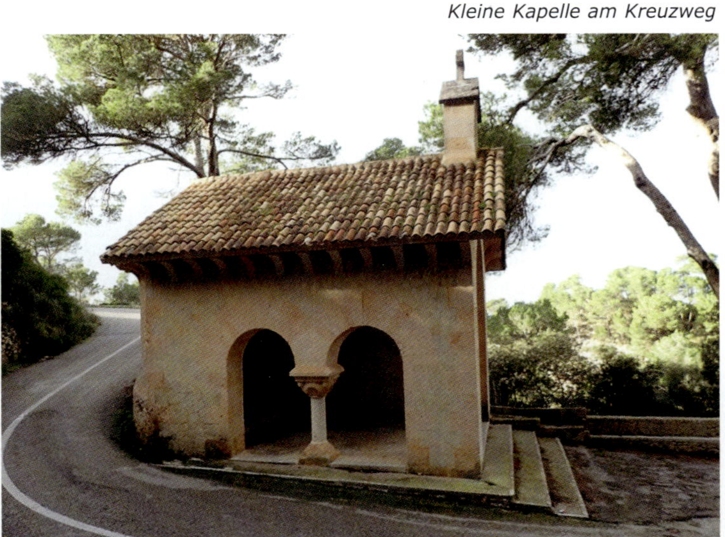

Unmittelbar dort und ein weiteres Mal am Ende einer Treppe queren Sie die Straße und laufen neben einer Mauer weiter, nun beginnt ein Kreuzweg mit dem Bild I. Sie laufen auf der Straße nach rechts und nehmen am Bild II rechts die Treppe. Zwischen den Bildern V und VI queren Sie noch einmal die Straße, hinter dem Bild VI folgen Sie der Straße nach links und steigen nach 40 m rechts die Treppe hinauf. Am Bild VII haben Sie einen Blick hinüber zum vorgelagerten Steinkreuz **Creu des Picot** aus dem Jahr 1957. Sie folgen der Straße für etwa 50 m nach rechts bis zu einem nach rechts bergauf führenden Weg. Dort gehen

Sie geradeaus, wenn Sie sich das Kreuz näher anschauen wollen, und rechts, wenn Sie Ihr Ziel schneller erreichen wollen. Hinter den Bildern VIII und IX queren Sie jeweils die Straße, Sie sind nun schon beim Straßenkilometer 5 und ahnen sicher, dass Sie bald am Ziel sind. Hinter dem Stromhäuschen können Sie daher am Bild X die Aussicht auf Cala d'Or und die Südostküste in Ruhe genießen, vielleicht auch an den Tischen auf dem Weg zum Bild XI noch ein Picknick einlegen.

Wo haben Sie geparkt? Wollen Sie noch einkehren? Zur Orientierung: An der Mauer führt der linke Weg zur Säule mit der Christusstatue und der rechte Weg am Bild XII vorbei zum ✝ Kloster, zum 🛏 ✕ Hotel und zu einem 💧 Trinkwasserbrunnen.

✕ Petit Hotel Sant Salvador am Kloster, ☎ 971 515 260,
💻 www.santsalvadorhotel.com, 🚪 8:00-22:00, im Januar geschlossen

Santuari de Sant Salvador

Von fern wirkt das Gebäude eher wie eine Trutzburg, es ist aber ein Santuari, also ein Heiligtum. Die mächtigen Mauern dienten dem Schutz der verehrten Madonna vor Piratenangriffen. Gebaut wurde das Santuari im 14. Jahrhundert, Mitte des 16. Jahrhunderts beherbergte es eine Grammatikschule, die Kirche kam im 18. Jahrhundert dazu.

Blick vom Santuari zur Christusstatue

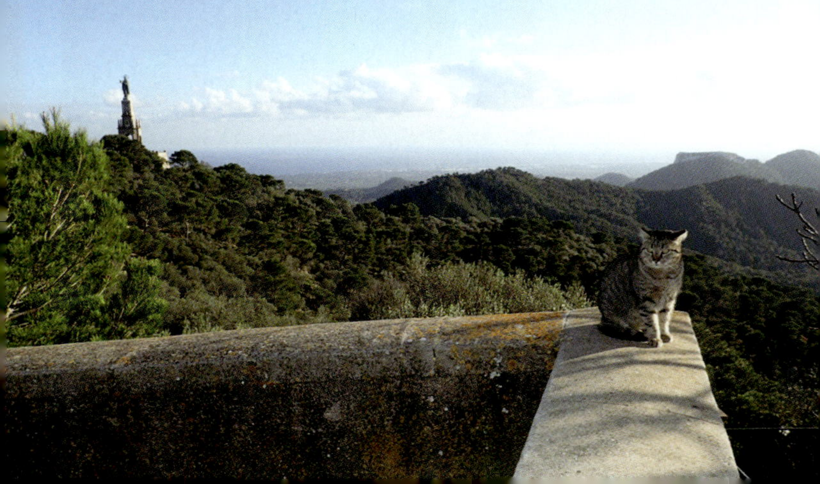

27 Von Strand zu Strand im Naturpark Mondragó

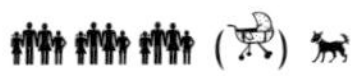

Für Badenixen und Naturgenießer

Es gibt Tage, an denen man nicht so richtig weiß, ob man wandern, cachen oder baden gehen möchte. Für solche Tage bietet sich die Wanderung im Naturpark Mondragó an. Die Tour führt durch bezaubernde Natur zu drei Geocaches und drei Badebuchten. Sie ist jederzeit auch abkürzbar, wenn die Wandermotivation vergeht. Und selbst wenn Sie die Strecke komplett laufen, schwimmen gehen und alle Caches heben, bleibt reichlich Zeit, um an den Aussichtspunkten zu verweilen, ein Picknick unter Schatten spendenden Bäumen zu machen oder in einer der drei Strandbars einzukehren. Der Weg ist zu etwa zwei Dritteln beschattet, ansonsten sonnig.

Start/Ziel: am nördlichen Eingang des Mondragó-Naturparks, GPS N 39°21.412' E 003°11.413'

5,4 km

2 Std.

73 m/73 m

0-29 m

Naturparkmarkierungen für die Wege 2, 3, 4 und 1

Restaurante Sa font de n'Alis (km 1,7 bzw. km 4,6), weitere Restaurants und Bars daneben am Strand

An der Caló d'en Burgit (km 1,6) kann man seine Vorräte an einem Kiosk auffüllen.

Rastplätze jeweils am Ende der Wege 2 und 4 (km 1,6 und km 3,9)

Bademöglichkeit in den Buchten Caló des Burgit (km 0,9), Caló d'en Garrot, (km 1,7 bzw. km 4,6) und S'Amarador (km 2,1 bzw. km 4,1)

GC19KAH Cala Mondragó, Tradi; GC4WDHB S'Amarador Max 1, Tradi, 120 m entfernt; GC5JHGE S'Amarador Max 2, Tradi

Drei Badestrände, Geocaches und eine abwechslungsreiche Landschaft machen diese Tour kurzweilig.

Die Wege vom P Parkplatz zum Strand Caló d'en Garrot und von dort zum Strand S'Amarador (sechs Stufen!) sind gut mit dem Buggy zu befahren, der Rundweg auf der Garrot-Halbinsel hat nur wenige Einzelstufen. Hinter S'Amarador ist das Gelände nicht mehr buggytauglich.

Hunde sind an den Stränden verboten, im restlichen Park müssen sie an der Leine geführt werden. Bitte Wasser mitnehmen.

P Parkmöglichkeit am Start gegen Gebühr, Anfahrt: nordöstlich von Santanyí auf der Ma-19 in Alqueria Blanca Richtung „Mondragó" oder „Cala Santanyí" abbiegen

Bushaltestelle Cala Santanyí, Linie 495 von Manacor/Campos/Santanyí, unten am Strand Caló d'en Garrot (nur im Sommer, Mo bis Fr 4x tägl.)

Die Wege 4 und 1 verlaufen in der Nähe von Sumpfgebieten, bitte zur Sicherheit Insektenschutz einpacken.

Von der Zufahrt zum P Parkplatz Sa Fonts de n'Alis gehen Sie den Teerweg bergab und passieren dabei die i Naturparkinformation (☺ lassen Sie sich einen Parkplan mit Details zu Flora und Fauna geben) und einige Gebäude.

Der Naturpark Mondragó

Zum Schutz der vielfältigen Flora und Fauna in und an den Mondragó-Buchten wurde 1992 der Naturpark auf Gemeindegebiet von Santanyí und auf Privatgrund ins Leben gerufen. Eine solch öffentlich-private Zusammenarbeit gelingt andernorts nur sehr selten. Auf der Fläche von 766 Hektar sind Trockenkultur mit Mandel- und Johannisbrotbäumen, wilde Macchia, Kiefern- und Pinienwäldchen, Dünen, Sumpf und zerklüftete Küste zu finden. Hier wachsen und leben seltene Arten, besonders die Orchideen locken viele Besucher in den Park.

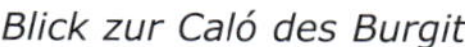

Blick zur Caló des Burgit

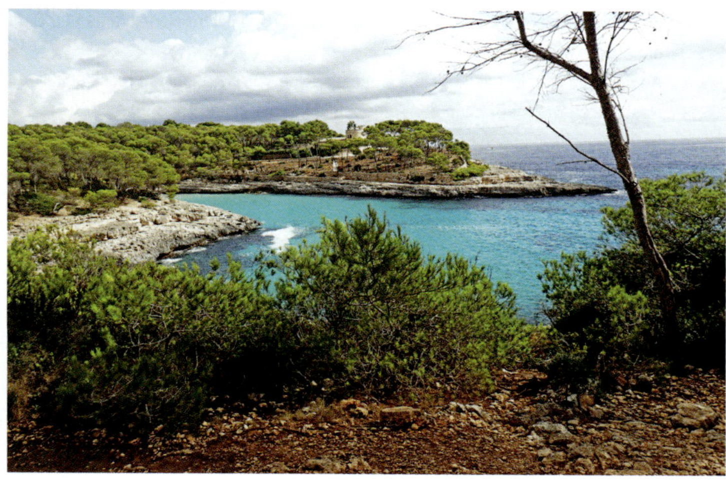

Kurz vor der Rechtskurve folgen Sie dem Weg Nr. 2 links in den Wald. An der T-Kreuzung gehen Sie links leicht bergauf und an der Einmündung von rechts weiter geradeaus. Der Weg führt nun bergab zu einer Stelle, an der es geradeaus zur Badebucht **Caló des Burgit** geht. Hier nehmen Sie den nach rechts führenden Weg, er verläuft parallel zu einer Trockensteinmauer um eine Linkskurve. 30 m dahinter gehen Sie links durch eine Mauerlücke zu einem Aussichtspunkt mit Blick auf die Bucht und die Halbinsel Punta des Caló des Burgit. Von dort gehen Sie rechts zu einer ⌘ Maschinengewehrstellung aus dem Spanischen Bürgerkrieg. In den Felsen und Mauern huschen Geckos vor den Wanderern davon.

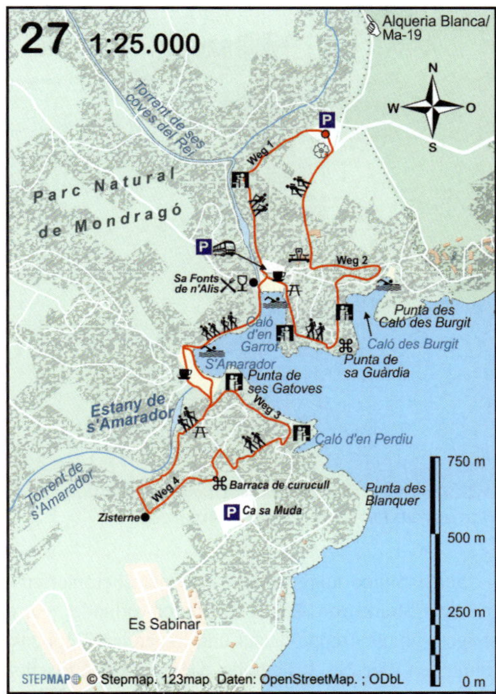

Der Weg führt in einem Rechtsbogen zu einem weiteren Aussichtspunkt mit Blick auf die Bucht **Caló d'en Garrot**. Diese erreichen Sie kurz darauf am Ende des Weges 2 unterhalb von mehreren Picknicktischen im Kiefernwald. Sie überqueren den Strand und können dabei in mehreren Bars, z. B. Playa Mondrago und Sa font de n'Alis, einkehren oder Ihren Proviant auffüllen.

Restaurante Sa font de n'Alis, Cala Mondragó, ☏ 971 657 457, barloventodor@hotmail.com, 9:30 bis 23:00, mediterrane Küche und gute Fischgerichte

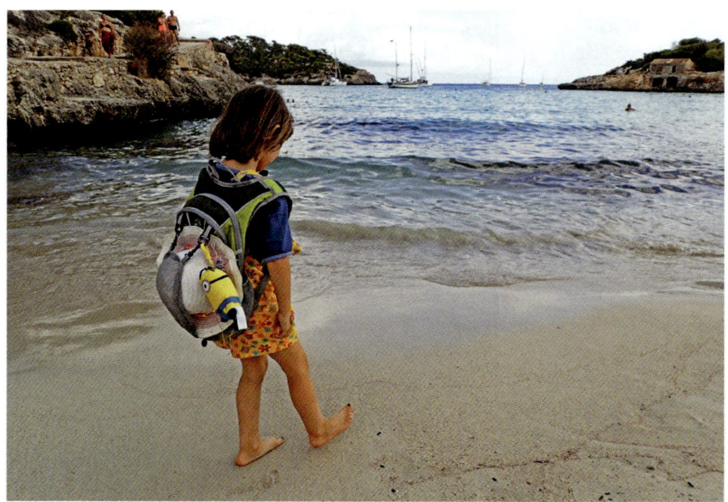

Barfußwandern am Strand S'Amarador

Sechs Stufen führen hinauf zu einem betonierten Uferweg, der diese Bucht mit dem Strand von **S'Amarador** verbindet. An dessen südöstlichem Ende steigen Sie die Treppe hinauf und folgen am Treppenkopf dem scharf links wegführenden Weg Nr. 3. Er bringt Sie zum Aussichtspunkt **Punta de ses Gatoves**, nach nur 250 m erreichen Sie den nächsten Aussichtspunkt an der Bucht **Caló d'en Perdiu**. Der Weg 3 führt nach rechts (Geocacher machen einen Abstecher auf die andere Seite der Bucht.)

Sie passieren den Nachbau eines historischen Kalkofens. Der Weg 3 endet an einem breiten Schotterweg. Auf diesem gehen Sie für etwa 100 m nach rechts, dann biegen Sie links in den Weg 4 ein. Nach 50 m folgen Sie dem Pfad durch die Mauerlücke und kommen zu einem Bruchsteingebäude. Hier an der **Barraca de curucull** wird die Trockensteinbauweise Mallorcas auf einer Tafel erklärt. Ein anderer Name ist Barraca de roter, es handelt sich dabei um eine Wohnhütte der Trockensteinbauer.

Nun ist die Orientierung nicht ganz leicht: Laufen Sie bitte nicht geradeaus zum P Parkplatz Ca sa Muda, sondern folgen Sie hinter dem Gebäude dem Pfad rechts zurück zur Mauer. In einer Ecke klettern Sie über die beschädigte Mauer. Sie kommen an eine T-Kreuzung, nehmen Sie den Weg nach links. Er führt zu einer alten Zisterne. Dort folgen Sie dem Pfad nach rechts und steigen die Treppe hinab. Sie stehen nun oberhalb des Sumpfgebietes, das der Torrent de s'Amarador kurz vor seiner Mündung ins Meer bildet. Am Treppenfuß biegen Sie rechts ab und folgen dem Weg oberhalb des **Estany de s'Amarador**. Zwischen dem Schilf und den Binsen dieser kleinen Brackwassergebiete konnten wir mit ständig schwatzendem Kind immerhin Stockenten, Blesshühner, Rallen, Reiher und Wasserfrösche entdecken. Ruhigere und geduldigere Wanderer werden mit etwas Glück auch andere seltene Arten zu sehen bekommen.

Nach rechts bergauf kommen Sie zu einem weiteren Picknickplatz, dort endet der Weg 4. Sie folgen nun dem breiten Waldweg nach links zur Treppe hinab zum Strand S'Amarador, dort laufen Sie auf der Betonpromenade zurück zum Strand Caló d'en Garrot. Rechts von dem Betonstrommast nehmen Sie den parallel zum **Torrent de ses coves del Rei** verlaufenden Sandweg, das ist der Naturparkweg Nr. 1. An dem Aussichtspunkt mit Blick auf das Sumpfgebiet dieses Baches biegen Sie rechts ab und steigen bergauf durch eine Mauerlücke. Dahinter wandern Sie an der Mauer entlang weiter bergauf bis zum hinteren Zugang des Parkplatzes am Startpunkt.

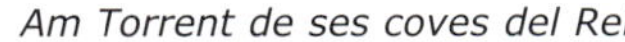

Am Torrent de ses coves del Rei

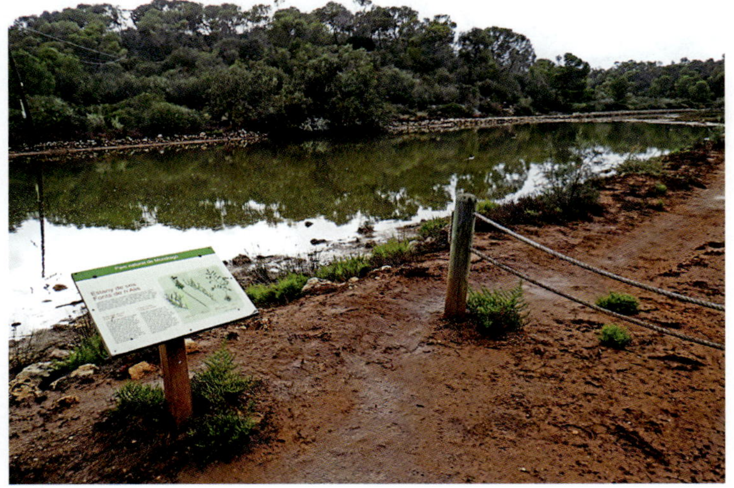

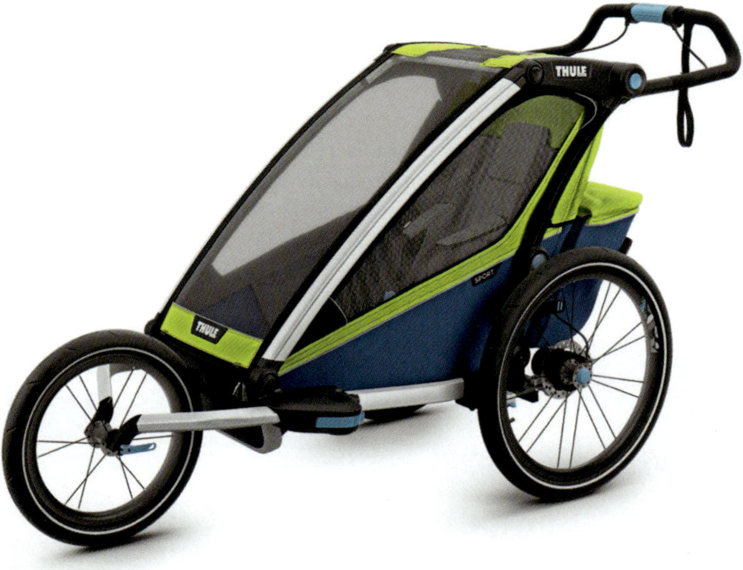